Liop

Te gyda'r Frenhines

Mihangel Morgan

GOMER

Argraffiad Cyntaf—1994

ISBN 1 85902 094 1

ⓗ Mihangel Morgan

Dymuna'r cyhoeddwyr gydnabod cymorth
Adrannau'r Cyngor Llyfrau Cymraeg.

Cedwir pob hawl. Ni chaniateir atgynhyrchu unrhyw ran o'r cyhoeddiad hwn na'i gadw mewn cyfundrefn adferadwy na'i drosglwyddo mewn unrhyw ddull na thrwy unrhyw gyfrwng electronig, electrostatig, tâp magnetig, mecanyddol, ffotogopïo, recordio, nac fel arall, heb ganiatâd ymlaen llaw gan y cyhoeddwyr, Gwasg Gomer, Llandysul, Dyfed.

Argraffwyd gan
J. D. Lewis a'i Feibion Cyf., Gwasg Gomer, Llandysul, Dyfed.

Cyflwynedig i
blancton
ein llenyddiaeth
sef
yr adolygwyr.

CYDNABYDDIAETH

Ymddangosodd 'Y Ferch yn y Tŵr a'r Llanc â'r Milgwn' yn *A Sydd am Afal*, diolch i'r golygydd Aled Islwyn.

Ymddangosodd 'Cyfansoddiadau a Beirniadaethau' a 'Salem a Saunders' yn *Taliesin*, diolch i'r golygyddion John Rowlands a Gerwyn Wiliams.

Ymddangosodd 'Te Gyda'r Frenhines' a 'Stryd Amos' yn *Tu Chwith*, diolch i'r golygyddion Simon Brooks ac Elin Llwyd Morgan.

Ymddangosodd 'Y Dyddiadur Ffug' yn *Yr Awen* (1992) yn gyntaf ac wedyn yn *Golwg*; ymddangosodd 'Brân Heb Frân' a 'Cnau Celyd' yn *Golwg* hefyd, diolch i'r golygyddion.

Ymddangosodd 'Nodyn ar un o Ysgrifau Syr T. H. Parry-Williams' yn *Barn*, diolch i'r golygydd Menna Baines.

Diolch hefyd i Wasg Gomer a Dyfed Elis-Gruffydd.

CYNNWYS

1 Brân Heb Frân 1
2 Y Ferch yn y Tŵr a'r Llanc â'r Milgwn   4
3 Stryd Amos 10
4 Yr Heiasinth 23
5 Salem a Saunders 34
6 Y Dyddiadur Ffug 47
7 Cyfansoddiadau a Beirniadaethau 56
8 Wedi Bod ym Mlodau'n Dyddiau 69
9 Nia 84
10 Nodyn ar un o Ysgrifau
Syr T. H. Parry-Williams 96
11 Te Gyda'r Frenhines 105
12 Cnau Celyd 117
13 Y Ffrogiau 124

NODYN

Dychmygol yw holl gymeriadau a sefyllfaoedd y storïau hyn.

Nid yw'r awdur o angenrheidrwydd yn cytuno â barn neu ragfarn y cymeriadau hyn.

BRÂN HEB FRÂN

Y mae ystafelloedd y tŷ hwn yn oer. Does dim ots faint o dân a gynheuir na pha fath o wresogydd a ddefnyddir chwaith, erys y tŷ yn oer. Y mae'r ystafelloedd yn dywyll hefyd. Hyd yn oed yn ystod y dydd ni ddaw'r haul i mewn gan fod y ffenestri i gyd yn wynebu'r ffordd dywyll. Ac fel y gellid disgwyl, yn y fath oerni a gwyll ceir lleithder. Dŵr yn difcru fel dagrau i lawr y muriau a chlytiau gwinau tywyll arnynt fel petai'r tŷ ei hun wedi gwaedu.

*   *   *

Ar ochr arall y ddinas y mae rhywun arall sy'n siarad fy iaith. Mae hi'n berthynas o bell. Ydy, mae hi'n byw ar ochr arall y ddinas—hynny yw, os nad yw hi wedi marw heb i mi glywed. Pwy a ŵyr, mae'r ddinas mor fawr. Gwelais lun ohoni wedi'i dynnu o'r awyr yn ddiweddar, y tai a hyd yn oed yr adeiladau mawr yn edrych fel teganau a'r bobl yn rhy fach i'w gweld hyd yn oed, fel morgrug. 'Nid yw y morgrug bobl nerthol, eto y maent yn darparu eu lluniaeth yr haf; y cwningod nid ydynt bobl rymus, eto hwy a wnânt eu tai yn y graig.' Dim ond y llefydd llc y mae pobl yn byw, y drysau bach a'r ffenestri dirifedi, dyna'r unig bethau y gellid eu gweld yn glir. Roedd hi'n anodd meddwl am yr holl fywydau yna yn ymgordeddu, driphlith draphlith.

A dim ond y fi ar yr ochr hon a'r hen berthynas ar yr ochr arall yn siarad ein hiaith ni.

*   *   *

Unwaith roedd 'na ddistawrwydd yn y tŷ. Bûm yn f'ystafell am ddyddiau bwygilydd heb weld neb. Felly dyma fi'n penderfynu mynd i edrych o gwmpas y tŷ. Wrth fynd heibio'r drysau arhosais i wrando. Dim sŵn. Yna fe welais ddrws nad oeddwn i wedi sylwi arno o'r blaen. Roedd e'n gilagored. Agorais y drws yn araf, fesul modfedd. Roedd yr ystafell yn wag. Dyma fi'n mynd i mewn ac yn cau'r drws yn dawel ar f'ôl. Roedd y llenni heb eu tynnu ond deuai ychydig o olau i mewn o'r ymylon. Digon i ddangos rhywbeth ar y llawr. Llyfr. Codais y llyfr. Roedd e'n hen a'r clawr yn llaith a chodai gwynt mwsoglyd ohono. Ni allwn benderfynu beth oedd enw'r llyfr na beth oedd enw'r awdur chwaith. Pwy oedd wedi byw yn yr ystafell honno? A oedd e neu hi yn deall yr iaith? Pam gadael y llyfr a'r llyfr yn unig felly? Roedd y clawr yn hen rwymiad o ledr cywrain, gyda'r llythrennau mewn aur ac addurniadau aur yn y corneli. Roedd rhai o'r tudalennau yn y cefn wedi glynu yn ei gilydd. Fe ddaeth chwilfrydedd ysol drosof fi i weld cynnwys y tudalennau hyn. Rhwygais ymylon y tudalennau i'w hagor—roeddynt i gyd yn wag ar wahân i ddau dudalen o ysgrifen yn dechrau:

Y mae ystafelloedd y tŷ hwn yn oer. Does dim ots faint o dân a gynheuir na pha fath o wresogydd a ddefnyddir chwaith, erys y tŷ yn oer. Y mae'r ystafelloedd yn dywyll hefyd. Hyd yn oed yn ystod y dydd ni ddaw'r haul i mewn gan fod y ffenestri i gyd yn wynebu'r ffordd dywyll. Ac fel y gellid disgwyl, yn y fath oerni a gwyll ceir lleithder. Dŵr yn diferu fel dagrau i lawr y muriau a chlytiau gwinau tywyll arnynt fel petai'r tŷ ei hun wedi gwaedu . . .

Y FERCH YN Y TŴR A'R LLANC Â'R MILGWN

Saif ar ei balconi yn y boreau, yn gwisgo sbectol haul ac yn yfed sudd oren lliw gwaed, fel un o sêr yr operâu. Teifl ei phlethen hir i lawr fel tywysoges mewn chwedl Ewropeaidd. Cwyd fel Morfudd, fel yr haul. Mae hi'n byw mewn tŵr.

Roedd hi'n bymtheg ac yna roedd hi'n un ar bymtheg—hynny yw, cafodd ei phen blwydd yn fuan ar ôl iddi ddod i fyw i'r tŵr.

Daw heidiau o'i hedmygwyr, yn llanciau ifainc ac yn hen ddynion fel ei gilydd, i sefyll o dan ei ffenestr i syllu arni. Arhosant drwy'r dydd gan obeithio cael cipolwg arni. Ond mae hi'n ddifraw. Dyw hi byth yn edrych i lawr.

Neu yn hytrach dyw hi byth yn dangos ei bod hi'n edrych i lawr. Ond bob hyn a hyn, heb droi'i phen, yn wir heb symud ei phen o gwbl, edrycha drwy gil ei llygaid, drwy gornel ei sbectol haul i lawr i'r stryd gan anwybyddu'r dynion a chan edrych draw ar y tai gyferbyn.

Am hanner awr wedi wyth yn y bore, ac am hanner awr wedi un yn y prynhawn ac yna am hanner awr wedi chwech ac am hanner awr wedi un ar ddeg yn y nos daw llanc o'r enw Mei allan o un o'r tai hyn. Mae'r tŷ yn llwm ac yn ddiolwg—hen baent brown ar y drws ac o gwmpas y ffenestri, a phentwr o sbwriel yn y pwtyn o ardd nad yw'n ddim byd ond ymestyniad o stepen y drws. Ond daw Mei allan o'r holl fryntni hwn fel tywysog. A'r hyn sy'n ychwanegu at y teimlad ei fod yn dywysog neu'n iarll ifanc yw'r ddau filgi lluniaidd a mirain a ddaw drwy'r drws o'i flaen ar bob o gynllyfan hir a llac a glymir gerfydd y coleri lledr llydain am yddfau'r bytheiaid —gyddfau hirion megis gyddfau elyrch. Dau filgi gwyn, neu a bod yn gywir, un milgi gwyn, Iolydd, ac un fil-ast wen, Pali—mor denau ag ysbrydion, eu cynffonnau fel ffrewyllau, eu hystlysau fel marmor, eu traed fel palfau cathod, eu coesau fel gwiail, eu pennau fel pennau seirff, eu clustiau bach fel rhos-ynnau gwyngoch (oedd, roedd eu clustiau'n goch), a'u llygaid muchudd, teryll fel pedwar diemwnt du —mor ddu â gwydrau sbectol haul y ferch sy'n gyfrinachol wylio o'r tŵr.

Mei yw'r unig wryw yn yr holl ddinas i ennyn diddordeb y ferch yn y tŵr. Ond o'r holl ddynion yn y ddinas, Mei yw'r unig un nad yw'n ymwybodol o'r ferch yn y tŵr. Nid yw'n gwybod ei bod hi'n gwyro'i phen ychydig bach, rhyw filfed rhan o fodfedd— pan ddaw allan drwy'i ddrws gyda'i filgwn, Pali ac Iolydd, yn y boreau ac ar yr hanner oriau penodedig. Nid yw'n gwybod hyd yn oed fod tŵr o flaen y tŷ lle mae'n byw, heb sôn am y ferch sy'n byw yn un o'r fflatiau (ar y chweched llawr) yn y tŵr ac sy'n ei wylio fe ac efe'n unig. Ei unig ddiddordeb yw ei filgwn. Daw allan o'r tŷ lle mae'n byw gyda'i fcddwyn o dad—dyn sy'n treulio'i oes yn llewys ei grys yn yfed caniau o gwrw yng ngolau'r teledu, â'i feddwl wedi'i ddiffodd—allan o'r tŷ llwm, i'r stryd lwyd, a'r milgwn yn tynnu'n daearch na thaer o'i flaen, i fynd â nhw am dro. Deil un o'r bysiau lliw porffor, glas a choch i fyny i gyrrau eithaf y ddinas lle mae llefydd agored a phorfa. Yno gedy'r milgwn yn rhydd fel y gallant redeg a rhedeg yn rhydd i ffwrdd i'r pellterau ac yn ôl gan garlamu heibio i Mei nes bod y ddaear o dan ei draed yn crynu ac yn atseinio dan guriad eu traed—i ffwrdd â nhw eto, fel drychiolaethau, ac yn ôl drachefn, wedi blino—dros dro—i orwedd, yn dyhyfod, eu tafodau yn lolian o'u pennau, wrth draed y meistr pedair ar bymtheg oed, er mwyn i hwnnw gael eu clymu unwaith eto wrth eu tenynnau. Yn ôl i'r ddinas â nhw eto ar un o'r bysiau porffor, glas a choch, yn ôl i'r stryd lwyd a'r tŷ llwm—heb sylwi ar y ferch yn gwylio o'i hystafell yn y tŵr.

Nid oedd y ferch yn edrych arno â thrachwant—er ei bod yn cyfaddef wrthi'i hun mai Mei oedd y prydferthaf o'r holl ddynion yn y ddinas, yn enwedig pan ddeuai allan o'i dŷ neu pan ddychwelai ar ôl bod â'r milgwn am dro ar y diwrnodau poethaf yn yr haf yn gwisgo dim ond llodrau bach cwta ac yn dangos ei gorff bach cyhyrog lliw cneuen—eithr edrychai arno gan ddymuno treiddio drwy gwmwl ei bersonoliaeth. Os gallai hi ddenu holl ddynion y ddinas yn ddiymdrech pam nad oedd hwn yn gwybod nac yn hitio am ei bodolaeth o gwbl? Rhaid ei fod yn arbennig ac yn wahanol i holl ddynion eraill y ddinas.

—Rwy'n mynd lawr i'r ddinas 'na, meddai'r ferch, ac rwy'n mynd i gael sylw'r bachgen 'na, rhyw ffordd neu'i gilydd, hyd yn oed os bydd hynny'n golygu sefyll o'i flaen yn noethlymun—ond dw i ddim yn credu y bydd angen i mi fynd i'r fath eithafion cyn y bydd yntau'n rhedeg wrth fy sodlau fel y lleill.

Ymolchodd y ferch ddim am dridiau nes bod ei gwallt yn seimllyd ac yn hongian o gwmpas ei phen a thros ei dannedd fel cynffonnau llygod. Gwisgodd hen gôt ei mam, un yr oedd honno wedi bwriadu'i thaflu ers amser ond wedi anghofio amdani oherwydd iddi lithro i lawr i waelod ei chwpwrdd dillad. Gwisgodd hen slipanau'i thad am ei thraed ac yn lle'i sbectol haul orau arferol, gwisgodd hen bâr yn perthyn i'w modryb. Hyd yn oed fel hyn edrychai'n weddol hardd ond doedd neb yn ei hadnabod pan fentrodd i lawr grisiau concrid y tŵr. Ac wrth iddi fynd allan tua chwarter wedi un ar ddeg nid oedd y dynion yn sylweddoli taw hon oedd y ferch a ymddangosai ar y balconi bob bore. Doedd y dynion ddim yn ei hadnabod am dri rheswm: yn gyntaf, wedi'i gwisgo mor dlodaidd, roedd hi'n edrych mor wahanol i'r rhith ar y balconi; yn ail, dyma'r tro cyntaf erioed iddi ddod i lawr i'r stryd ar ei phen ei hun a doedd neb yn disgwyl ei gweld hi; ac yn drydydd, roedd hi'n dywyll am chwarter wedi un ar ddeg y nos.

Arhosodd am chwarter awr yn y cysgodion ar ben y stryd, â'i phen i lawr, ei gwallt dros ei dannedd a'i dwylo ym mhocedi'r hen gôt. Ac wrth gwrs, am hanner awr wedi un ar ddeg daeth Mei allan a'r ddau filgi gwyn clustgoch o'i flaen fel arfer. Aeth yn syth am safle'r bysiau—a dilynodd y ferch gan sefyll yn y cysgodion. Cyn hir, ymddangosodd y bws porffor, glas a choch ac aeth Mei i mewn gyda'r milgwn ac aeth y ferch i mewn i'r bws hefyd.

Aeth Mei i eistedd yng nghefn y bws ac eisteddodd y ferch mewn sêt ar yr ochr fel y gallai weld Mei o'r fan lle'r eisteddai hi. Pan ddaeth y dyn o gwmpas y bws i gasglu'r arian aeth at y ferch yn gyntaf ac at Mei yn olaf. Ond wrth iddo nesáu ato tynnodd y milgwn eu gweflau yn ôl yn fileinig gan ddangos eu dannedd ac ysgyrnygu'n ffyrnig.

—Dŷch chi ddim wedi talu, meddai'r dyn gan symud wysg ei gefn i lawr y bws a phellhau oddi wrth y milgwn, dŷch chi ddim erioed wedi talu, ond rhyw ddydd bydd heddwas ar y bws 'ma ac wedyn fe gewch chi dalu'n llawn, fe gewch chi a'ch cŵn uffernol dalu drwy eich tinau!

Aeth y bws ymlaen ac ymlaen drwy heolydd cordeddog y ddinas a thrwy rannau o'r ddinas nad oedd y ferch yn gyfarwydd â nhw, rhannau lle'r oedd mwy o dyrau a'r rheini'n agos at ei gilydd ac yn uwch, yn llawer uwch na'i thŵr hi. Yna yn ddisymwth roedd mwy o awyr, mwy o sêr i'w gweld a llai o lygaid amryliw y tyrau, ac yn nes ymlaen eto roedd llai o dyrau ac ambell goeden. Gwyddai'r ferch taw coed oeddynt gan ei bod wedi gweld lluniau ohonynt mewn llyfrau ac yn y lluniau meddyliasai eu bod yn bethau odiaeth o hyll ac anffurfiedig fel angenfilod arallfydol, ond nid oedd y pethau go-iawn mor hyll yr olwg yn y gwyll. Ac yna, doedd dim ond gwacter, dim ond tywyllwch o'u blaenau a goleuadau brycheulyd y ddinas yn y pellter y tu ôl iddynt. Erbyn hyn yr unig deithwyr ar y bws oedd Mei a'r ferch. Stopiodd y bws a daeth Mei o'r cefn. Aeth drwy'r drysau ac allan ag ef. Aeth y ferch ar ei ôl, ond ni sylwodd Mei arni.

Ar y rhostir datglymodd Mei y milgwn a ffwrdd â nhw ill dau fel sêr gwib i'r tywyllwch. Safodd y ferch y tu ôl i'r llanc yn gwylio'i gefn cryf, yntau'n gwylio dim ond y cŵn yn rhedeg yn rhwydd a rhydd fel llateion.

Ar ôl iddynt fynd mor bell nes eu bod yn ddim byd ond dau bwynt—dwy wreichionen wen yn y pellter—troesant ar eu sodlau a chychwyn yn ôl at eu meistr. Doedd y pellter yn ddim iddynt ac ar amrantiad dyma nhw'n ôl. Ond yn lle mynd yn syth at droed Mei a llyfu'i ddwylo'n serchus yn ôl eu harfer aethant heibio iddo a chyfarth yn ffyrnig ar y ferch. Dyma'r tro cyntaf i Mei sylwi arni. Wrth i'w llygaid gysylltu â'i lygaid ef fe dreiddiodd hi am eiliad i ddrycin ei bersonoliaeth.

—Iolydd, Pali, dewch 'ma! meddai Mei, a chiliodd y milgwn yn dawel y tu ôl iddo. Ar yr un pryd aeth saeth drwy galon y ferch a gwreiddiodd mewn cariad â'r llanc.

* * *

Mae'r balconi yn y tŵr lle'r arferai'r ferch ymddangos yn wag yn y boreau bellach. Does dim dynion yn heidio o dan ei ffenestr er bod llawer yn ei chofio ac yn nychu amdani.

Aethai hi i ffwrdd.

Daw Mei allan o'i hen dŷ gyda thri milgi clustgoch ar yr amserau penodedig fel arfer.

STRYD AMOS

(Stori fer fer hir ar ffurf dyddiadur)

Mehefin 22

Bûm ar bigau'r drain er y bore, wedi cael nodyn oddi wrth Joanna—dyma'r cwbl sydd ynddo:

Annwyl Geini,
 Mae gennyf rywbeth pwysig i'w ddweud wrthoch chi. Dof i edrych amdanoch ddydd Gwener.
  Cofion, J. Glanmor.

Dyma'r peth mwyaf cynhyrfus a ddigwyddodd i mi ers i Mrs Williams golli'i chi—wythnos ddwetha.

Mae'r aros a'r chwilfrydedd yn annioddefol. Pam aros tan ddydd Gwener? Chwech awr a deugain i aros eto. Bûm yn disgwyl Liwsi Lysti, sy'n byw yn y stryd hon, i ddŵad fel huddugl i botes yn ôl ei harfer ond ddaw hi ddim heddiw eto, felly mi dreiaf fynd i gysgu er mwyn i'r amser fynd heibio.

Mehefin 24

Joanna yma heddiw efo swp o flodau. Ond roedd hi'n mynd â nhw i Ffebi Beca sy'n byw dros y ffordd yn Stryd y Glep. Gobeithio dyhuddo'r hen ferch surbwch mae Joanna. Ei newyddion oedd fod John, brawd Ffebi, wedi gofyn iddi hi, Joanna, ei briodi!

Ond gŵyr Joanna'n dda bod y ddwy chwaer, Ffebi a Besi—a Ffebi yn bennaf—yn ei chasáu hi. Hen ferched chwerw ydyn nhw ill dwy. Am nad oes neb yn dangos affliw o ddiddordeb ynddynt hwy nid ydynt yn fodlon i neb arall gael caru a phriodi. Hen ast feirniadol yw'r Ffebi yna hefyd, yn meddwl ei bod hi'n well na phawb arall yn y dre fach gul hon. Chafodd Joanna ddim cydymdeimlad ganddi o gwbl ar ôl i'w thad, Rhys—fy nghyfaill annwyl—farw'n ddisymwth yng Nghapel y Twb.
—Mae hi'n meddwl fy mod i'n 'hel dynion', mi wn ei bod hi, meddai Joanna.

Mae hynny'n wir—rydw i wedi clywed pobl yn siarad hefyd. Ond druan â Joanna, mae hi wedi treio'i gorau i ymdoddi i gymdeithas y gymdogaeth ar ôl iddi ddŵad yn ôl o Lerpwl i edrych ar ôl ei thad. Hyd yn oed yn ei gynhebrwng âi at bawb i siarad ac i ysgwyd llaw a dweud wrth bawb am gofio mynd i'r tŷ i gael te. Ond mae ymddygiad caredig fel'na'n cael ei gamddehongli yn y wlad hon fe ymddengys.

Beth bynnag mae Joanna yn mynd i briodi John—aeth hi i Dre Tywod efo fo ddoe—a chaiff Ffebi fynd i'w chrogi os nad yw hi'n fodlon. Serch hynny mae bwriadau Joanna yn ddigon teilwng, mae hi'n mynd i wneud ei gorau glas i ennill cyfeillgarwch Ffebi, meddai—dyna'r rheswm am y blodau. Fuaswn i ddim yn gwastraffu fy mhres na'm hamser arni.

Mehefin 25

Liwsi Lysti yma heddiw. Siarad am Ffebi. Mae hi'n eithaf hoff ohoni. Un o'r bobl rheini sy'n hoffi pawb ac yn methu gweld dim drwg yn neb ydyw Liwsi.

—Mae hi mor gelfydd efo geiriau, meddai Liwsi am Ffebi, fel awdures. Fe ddywedodd hi unwaith

—Byddaf yn hoffi edrych arnat ti, Liwsi, mi rwyt ti'n bictiwr o iechyd, mae dy arddwrn a'th benelin wedi mynd ar goll yn llwyr yng nghnawd dy fraich.

O, mae Liwsi yn ddiniwed, druan ohoni, a'r hen Ffebi'n gas.

—Ffordd gyfrwys o ddweud dy fod ti'n rhy dew oedd hyn'na, Liwsi, meddwn i yn ddiflewyn-ar-dafod.

Mehefin 26

Nos Sul. Mwy na thebyg fod y foneddiges Ffebi Beca yn cynnal un o'i chyfarfodydd llengar yn ei hystafell heno. Pawb yn lladd ar y Gweinidog a'i bregeth yng Nghapel y Twb ac yn beirniadu pobl y dre 'ma a phob llenor yn y wlad (ac eithrio Miss Kate Roberts a Mr Saunders Lewis) am nad ydynt mor ddiwylliedig â Ffebi a'i chriw ac am nad ydynt yn mynd i'r capel. Pobl grefyddol sydd wedi fy nhroi i yn erbyn crefydd. Cefais ddiferyn o sieri efo Joanna a chodi dau fys ar y bobl barchus dros y ffordd (hynny yn drosiadol, wrth gwrs; roedd y llenni wedi'u tynnu beth bynnag).

—Rwyf i'n mynd i fod yn Joanna Beca cyn bo hir, meddai Joanna yn llawen, a mynd rhagddi i restru holl rinweddau John Beca a siarad am ei gobeithion a'i chynlluniau am ei bywyd ar ôl iddi briodi. Mae ganddi ofnau hefyd; ond dyw hi ddim yn forwyn, felly dydw i ddim yn pryderu amdani ormod. Gobeithio y bydd John Beca cystal carwr efo Joanna ag y bu Rhys efo fi (dyw Joanna'n gwybod dim am hynny). Ond rhaid i mi gyfaddef, tra oedd Joanna'n siarad doeddwn i ddim yn gwrando llawer. Meddwl oeddwn i o hyd mor od y swniai'r enw yna 'Joanna Beca'—a hithau mor falch ohono! Mor wir yw storïau'r *Goeden Eirin*!

Gorffennaf 1

Meddwl pam yn y byd y bûm mor ffôl â phoeni cymaint am bobl sy'n byw mewn stryd arall. Pobl nad ydw i'n eu gweld o gwbl. Dŵad i nabod pobol sy'n brifo—mae pawb yn gwybod hynny—ac nid dieithriaid sy'n brifo. Ac eto rydyn ni'n dal i boeni am bobl eraill o hyd—beth yw'r gwahaniaeth beth y mae pobl eraill yn ei wneud neu'n ei feddwl? Ond rydyn ni'n poeni am bobl fusneslyd fel Ffebi, ac mae Ffebi yn poeni am bobl fel Joanna, ac mae pobl y capel yn poeni am y rhai nad ydynt yn mynd i'r capel. Mae Mr Llewelyn yn poeni am y pâr sy'n byw drws nesa iddo fo am nad ydynt yn briod; mae Mrs Lloyd yn poeni am Miss Griffiths sy'n yfed *gin*; mae Mrs Davies yn poeni am fechgyn hirwallt sy'n cadw sŵn ac yn rhedeg ar hyd y dre; mae Mrs Jones yn poeni am y dynion sy'n byw efo'i gilydd yn rhif 16; mae Mrs Lewis yn poeni am Miss Jones sy'n cadw llond tŷ o gathod; mae Mrs Evans yn poeni am gi Mrs Morgan sy'n gwneud dŵr ac yn cachu yn ei gardd; mae Miss Roberts yn poeni am bawb nad yw'n aelod o'r Blaid; mae Mrs Owen yn poeni am wraig Mr Jones y Gweinidog—ac yn y blaen ac yn y blaen. Beth yw'r gwahaniaeth? Wrth gwrs, mae pobl nad ydym yn eu nabod yn gallu effeithio arnom ond gwleidyddion yw'r rheini fel arfer. Yn rhyfedd iawn does neb yn poeni amdanynt hwy.

Gorffennaf 25

Diwrnod poeth iawn. Mynd yn y car efo Martha —Martha fy nhrysor—ar wibdaith i'r mynyddoedd. Rydw i'n dŵad ymlaen yn well efo'r ffyn cerdded erbyn hyn. Aethom ni i eistedd ar fryncyn. Roeddwn wedi dod â'r *Haf a Cherddi Eraill* gyda mi, fel mae'n digwydd, a gofynnais i Martha ddarllen awdl 'Yr Hwyaden' i mi. Darllenodd hi'n dda ac roedd dwyster y farddoniaeth ynghyd â sŵn y gwres, sŵn eithin yn clecian, sŵn pryfed yn ymladd, sŵn buchod yn rhechu, sŵn cariadon yn ... wel, sŵn cariadon, a llais Martha yn sïo ymlaen yn felfedaidd yn brofiad cyfareddol.

Gorffennaf 27

Joanna yn dŵad â John Beca yma heno. Aethai John i dŷ Joanna i alw amdani yn gyntaf cyn iddynt ddŵad yma. Gadawsai John Ffebi yn grwgnach yn ei gwely—roedd hi'n anfodlon bod John yn mynd allan heb ddweud i ble, a chan fod Besi wedi mynd i'r Sciat am y tro cyntaf ers y tro dwetha iddi fynd, byddai hi, Ffebi, ar ei phen ei hun yn y tŷ. Ond ar eu ffordd allan o dŷ Joanna pwy a welsant yn cerdded yn fân ac yn fuan i dŷ'r Becäod ond Dan Meidrym. —Mae Ffebi wedi bod â'i llygaid ar Dan ers oes mul, meddai John, a ninnau'n chwerthin, ond ei bod hi'n rhy falch ac yn rhy ofnus i grybwyll ei gwir deimladau tuag ato. Ond rydw i'n ofni ei bod hi'n dechrau colli ffrwyn ar ei phwyll wrth iddi nesáu at ei thrigain.

Chwerthin ar ôl iddynt fynd wrth feddwl am yr hen ferch hyll yna yn blysio ar ôl dyn yr un mor hen, ac yn dipyn o Sioni-fenyw, a'r un mor hyll â hi'i hun. Ha! Ha! O leiaf roedd Rhys a finnau yn ein deugeiniau pan oedd sôn amdanom yn y dre 'ma—a phawb yn meddwl ein bod ni'n rhy hen y pryd hynny. (Does neb yn rhy hen yn fy marn i ond Ffebi a'i math sydd yn rhy hen o'r dechrau.) A hithau'n meddwl ei bod hi'n well na phawb arall ac yn meddwl ei bod hi'n llwyddo i guddio'i beiau rhag y werin.

Peth arall a'm tarawodd heno oedd clywed ei brawd yn datgelu'i hoedran—a finnau wedi meddwl ei bod hi'n hŷn na fi—ond mae hi'n iau! Doedd hi ddim yn ymddangos yn hŷn pan oedd hi'n iau.

O, ie, peth arall. Mae Joanna a John yn myned i ffwrdd ddydd Sadwrn nesaf am bythefnos gyda'i gilydd. A phob hwyl iddynt hwy ill dau meddaf fi. Maent yn myned i Blackpool.

Gorffennaf 29

Joanna yma yn y bore efo grawnwin i mi. Blasus iawn. Mae hi'n mynd â pheth i'r Gweinidog, Mr Jones, ar gyfer ei wraig sy yn ysbyty'r meddwl, ac wedyn, os oes peth ar ôl, aiff hi â nhw i Ffebi. Chaiff hi ddim diolch gan honno.

Gorffennaf 31

Diwrnod diflas. Joanna a John wedi myned i Blackpool. Gwynegon yn fy mhoeni heddiw.

Awst 1

Martha yn dŵad ac yn mynd â fi i Dre Tywod. Hynny yn hollol annisgwyl. Gallu cerdded yn rhwydd ar fy 'maglau' heddiw. Bwyta hufen iâ a *candy-floss* ac afalau wedi'u gorchuddio efo cyfleth. Wrth i mi flasu'r cyfleth cofiais am Dafydd, cariad bore oes. Gofynnodd i mi'i briodi ond fe'i gwrthodais a dydw i ddim yn difaru dim.

Mynd i weld sioeau rhyfeddol. Y fenyw dewaf yn y byd, y dyn teneuaf. Dafad efo phum coes, cath efo adenydd fel aderyn a menyw hyll efo blew dros ei hwyneb i gyd.
—On'd yw honna'n debyg i Ffebi Beca? meddwn i wrth Martha.

Â ninnau'n chwerthin ein hochrau pwy a ddaeth heibio ond ein cymdoges Liwsi Lysti, un o ffrindiau pennaf y fonesig Beca. 'Ys dant rhag tafod.' Liwsi yn gofyn a oedd Martha a finnau wedi clywed am Joanna a John yn mynd yn hollol ddigywilydd i Blackpool gyda'i gilydd? Mynegodd ei syndod ac wedyn ffwrdd â hi yn ôl i'w lle ar y traeth efo'i hufen iâ. Martha a finnau'n chwerthin nes ein bod ni'n sâl. Buon ni'n ofalus i ddweud dim wrthi am ein cyfeillgarwch â Joanna a John—mae dwy ochr i bob wyneb.

Awst 6
Cerdyn oddi wrth Joanna a John yn Blackpool—

Annwyl Geini,
   Dyma amser braf. Y tywydd yn fendigedig. John yn teimlo'n rhydd heb ti-a-wyddost-pwy yn beirniadu'i bob symudiad a'i holi a'i stilio'n ddi-baid.
   Newyddion da—paid â dweud wrth neb. Yr ydym wedi ein dyweddïo!
            Cofion cynnes,
            Joanna a John

Ydy, mae dŵad i nabod pobol yn brifo weithiau ond y mae dŵad i nabod pobol yn codi'r galon hefyd, ac yn dŵad â llawenydd yn ei sgil.

Awst 10

Daeth Martha yma i de. A dyna lle buon ni fel hen foneddigesau Llangollen erstalwm yn hamddena ac yn yfed te yn yr ardd ac yn mwynhau cwmni'n gilydd.

Mae lleoliad daearyddol—agosrwydd—yn creu cariad a chasineb. Bûm yn caru Dafydd oherwydd ei fod e'n byw yn agos a ninnau'n gweld ein gilydd yn aml. Yr un peth gyda Rhys ar ôl i mi ddod yma i fyw—carwriaeth fyrhoedlog oedd honno. Mae Ffebi ar y llaw arall, yn byw yn rhy agos i'm chwaeth i. Wedyn daeth Martha yma i fyw yn Stryd Amos a newidiodd fy mywyd er gwell eto.

Dagrau pethau yw bod lleoliad yn beth mor ddamweiniol.

Awst 18

Daeth Joanna a John a Martha yma i de heno. Te parti i'w croesawu nhw yn ôl o Blackpool ac i ddathlu eu dyweddïad. Daeth y gath allan o'r cwd nos Sul pan ddatguddiwyd y gyfrinach gan Miss Jones (sy'n cadw tŷ i Dan Meidrym) i bawb yn *soirée* y fonesig Ffebi. John yn dweud bod Ffebi yn annioddefol bellach, yn mynegi'i chasineb tuag at Joanna a'r dyweddïad bob cyfle. Gŵyr John ei bod yn ofni cael ei gadael heb gynhaliaeth, ond nid oes sail i'w hofnau ac yn naturiol mae'n gwylltio John fod ei chwaer yn dangos cyn lleied o ffydd ynddo. Yn lle'i longyfarch a gwahodd Joanna i'r tŷ a dathlu'r digwyddiad mae Ffebi yn dawedog ac yn sarrug a'i hwyneb fel chwarel. Feiddia John ddim crybwyll enw Joanna o fewn clyw Ffebi.

Awst 20

Aeth Joanna i weld Ffebi ddoe. Profiad anghysurus iawn. Nid yw Ffebi yn meddwl am neb ond am ei lles a'i harian hi ei hun a'i chwaer Besi. Dywedodd Ffebi fod busnes siop John yn wael ar hyn o bryd.
—Felly, awgrymais i rai o'r syniadau sydd gen i, meddai Joanna, ond ffusto pen ci marw yw sôn am unrhyw beth newydd wrth Ffebi. Mae hi am gadw popeth yn ddigyfnewid ac i bopeth aros yn ei unfan. Mae hi'n ceisio cadw John a chadw amser. Mae hi am weld amser yn stopio.

Awst 22

Yn fy ngwely heno, methu cysgu rhwng y gwres a'r gwynegon, a dechrau cofio pethau. Roeddwn i'n casáu Ffebi Beca am fy mod i'n credu'i bod yn llygadu Rhys, a finnau ar y pryd yn ofni'i fod yn dechrau colli diddordeb ynof fi. Roeddwn i mor grac fe wnes i rywbeth gwirion iawn. Wrth gofio'r hanes 'na rydw i'n gallu gweld safbwynt Miss Jones a chydymdeimlo â hi. Wrth edrych yn ôl gwelaf mor ffôl oeddwn i, oherwydd fe ddaeth ein carwriaeth i ben yn hollol naturiol a heb unrhyw chwerwedd.

Awst 26

Joanna yn galw yma ar ôl galw i weld Ffebi a Besi efo blodau. Roedd y ddwy yn ffroenuchel ac yn oeraidd iawn. Wedi brifo teimladau Joanna. Mae Ffebi a Besi fel dwy hen gath yn gwylio cath ifanc yn chwarae efo'u hen deganau ond yn cenfigennu wrthi er nad oes ganddynt ddim i'w ddweud wrth y teganau.

Awst 30

Methu cysgu heno wrth feddwl am y ffordd y mae'r chwiorydd Beca yn cynllwynio yn erbyn hapusrwydd Joanna a John. Mor sbeitlyd, mor hunanol ydynt. A hwythau'n 'Gristnogion'—clywais fod y Gweinidog wedi bod yno i weld Ffebi heddiw. Carwn gael gair â'r Gweinidog.

Mae bywyd yn beth rhyfedd; mae fel ffenestr a dyn yn sefyll o'i blaen ac yntau'n edrych i mewn i ffenestr dros y ffordd ac yn gweld dyn yn sefyll o flaen drych yn edrych ar ei adlewyrchiad, y fo yn gweld y dyn yn y ffenestr yn edrych yn y drych yn edrych ar yr adlewyrchiad, y fo yn gweld y dyn yn y drych ac yntau'n edrych drwy'r ffenestr yn y drych ac yn edrych arno fo'n edrych arno drwy'r ffenestr yn edrych arno fo'i hun yn edrych yn y drych ond yn gweld y fo'n edrych arno yn yr adlewyrchiad yn y drych yn edrych. Credaf fy mod wedi colli llinyn y gyffelybiaeth honno'n rhywle. Wel rydw i'n rhy flinedig i'w datgymysgu heno.

Medi 3

Rhaid i mi ysgrifennu hwn neu farw. Mae Dan Meidrym yn mynd i fyw gyda'r chwiorydd Beca ar ôl i John a Joanna briodi! Y fath wyneb sydd gan y ddwy yna. Nid fy mod i'n feirniadol, gobeithio—ac eto, ydw, rydw i *yn* feirniadol o bobl fel Ffebi Beca sydd yn feirniadol o bobl eraill. Mae'n gas genny bobl na allant weld safbwynt rhywun arall. Peth mawr yw dallineb.

Medi 5

Mynd am dro ar fy maglau heddiw. Tywydd braf. Gweld Ffebi yn eistedd yn ei gardd—fel llong ar dir sych, a'i hwyneb mor sych â'r tir hefyd. Edrychodd arnaf fel tawn i'n faw isa'r domen.

Medi 6

Aeth Miss Jones yn wyllt yn nhŷ'r Becäod. Cefais yr hanes gan Joanna a'i cafodd gan John—doedd ef ei hun ddim yn llygad-dyst i'r digwyddiad chwaith. Beth bynnag ar ôl iddo ddweud wrth Miss Jones y bore 'ma am ei fwriad i fynd i fyw efo'r chwiorydd Beca aeth hi'n gynddeiriog a mynd i weld Ffebi a'i galw hi'n bob math o enwau a dweud yn ddiflewyn-ar-dafod ei bod hi'n 'hudo dynion' efo'i 'ffrils a'i hwyneb powld'. Fe ymddengys fod gan Miss Jones ddawn i ddisgrifio. Dyna'r hen fonesig ddioddefus i'r dim.

Medi 14
Joanna yma heddiw'n llefain y glaw. Yr hen gnawes Ffebi wedi bod yn gas wrthi.
—Ni allaf wneud dim yn iawn yn ei golwg hi, meddai, rydw i wedi gwneud fy ngorau glas i'w phlesio.

Nag ydw, dydw i ddim yn difaru'r tro yr euthum i mewn i'r siop yn dawel a rhoi gwth i'r ysgol fel y bu i Ffebi Beca syrthio ar wastad ei chefn. Doeddwn i ddim mor wirion—roeddwn i'n grac.

Medi 20—
Daeth Mr Jones y Gweinidog yma heddiw. Dywedais wrtho am beidio â galw beth amser yn ôl. Gofynnais, i ddechrau, sut oedd Bet, ei wraig sydd yn ysbyty'r meddwl ar ôl iddi golli'i phwyll mewn seiat yn y capel un noson dro yn ôl a dechrau gweiddi dros y lle fel gwallgofwreg. Doedd y digwyddiad ddim yn hollol annisgwyl chwaith, buodd hi'n eithaf cas tuag at rai o wragedd y capel.
—O, mae hi'n gwella, meddai fo.

Ei atgoffa wedyn fy mod i wedi dweud wrtho am beidio â galw yma.
—Dywedodd Ffebi Beca yn union yr un peth unwaith, yn awr y mae hi'n gofyn am fy ngweld i'n gyson.

Ni allaf feddwl am ddim byd gwaeth na Ffebi Beca fel y mae ac eithrio Ffebi Beca wedi cael tröedigaeth.

Medi 23
Sioc. Daeth Liwsi Lysti i'r stafell y bore 'ma a dweud bod Ffebi Beca wedi rhoi pen ar ei bywyd ei hun neithiwr. Torri'i garddyrnau â chyllell wnaeth hi.
—Roedd y gwely'n waed i gyd, meddai Liwsi.

Druan o Besi yn dŵad o hyd iddi fel'na. Beth oedd yn bod arni ys gwn i? Anobaith mae'n debyg.

YR HEIASINTH

Dydw i ddim yn licio blodau. Na gerddi chwaith. Ond mae'r blodyn hwn yn wahanol. Mae ystyr iddo. Arwyddocâd.

Gofynnais i'r nyrsys am ganiatâd i gael heiasinth. Doedden nhw ddim yn fodlon ar y dechrau. Mae blodau'n dwyn awyr, meddir. Ond fe wnaethon ni gytundeb. Cyfaddawd. Cefais ganiatâd i gael heiasinth wrth ochr fy ngwely yn ystod y dydd ond roedden nhw'n ei symud i rywle arall liw nos. Dyna'r cytundeb. Deuai nyrs â'r blodyn ataf o'r newydd bob bore.

*   *   *

Rydw i wedi colli fy ngwallt. Rwy'n wan. Dw i wedi bod dan driniaeth. Ar ôl i mi ddod ataf fy hun, sylwais doedd yr heiasinth ddim yno. Pan sylweddolais hynny doeddwn i ddim wedi dadebru'n iawn ond roeddwn i'n ymwybodol o'i absenoldeb. Gallwn synhwyro ei ddiffyg presenoldeb fel petai.

Bu raid i mi ofyn—Ble mae fy heiasinth? Doedd yr un o'r nyrsys wedi meddwl amdano. Dyna un arwyddocâd sydd i'r blodyn. Mae'n dangos gwir agwedd y nyrsys a'r meddygon tuag ataf. Does dim amser ganddyn nhw i feddwl am fy nheimladau.

Dyw nyrsys na meddygon ddim yn licio pobl. Yn enwedig pobl sy'n dost.

Mae'r siart wrth droed y gwely yn dweud beth sy'n bod arnaf a phryd i roi'r cyffuriau a pha gyffuriau i'w rhoi, pa driniaeth rwy'n mynd i'w chael a pha driniaeth rwy wedi'i chael eisoes. Does dim byd am deimladau ar y siart; dim byd am yr heiasinth. Mae pobl yr ysbytai hyn yn gorfod bod yn amhersonol gyda'r cleifion. Yn enwedig cleifion fel fi. Fy nghadw o hyd braich, dyna'r peth gorau. Dydyn nhw ddim yn gwybod beth i'w wneud ta beth.

Mae gormod o bobl yn dod 'ma. Maen nhw'n rhy brysur i feddwl am yr unigolyn fel unigolyn.
—Rŷch chi'n gwybod beth ŷch chi'n ei wneud, meddwn i wrth un o'r meddygon a oedd wedi dod i'm gweld o ran dyletswydd, rŷch chi'n trin eich cleifion—y rhan fwyaf ohonyn nhw, ta beth—nid er eu lles nhw eu hunain yn unig, ond er mwyn eu teuluoedd a'u cariadon a'u cyfeillion.

Teimlai'r doctor yn chwithig. Roedd e'n ifanc. Yn eitha pert hefyd. Edrychai ar yr heiasinth yn hytrach nag edrych i fyw fy llygaid.
—Ond pan ddaw rhywun fel y fi i mewn i'ch ysbyty —heb deulu, heb gariad, heb gefnydd does dim diddordeb 'da chi. Mae'r her wedi'i haneru fel petai, gan eich bod yn fy nhrin i er fy mwyn i, a neb arall. Does neb i'ch plagio chi drwy ofyn 'sut ma' fe?' Neb i'ch cythruddo chi ar ôl i mi farw.

*   *   *

Mae'r heiasinth 'da fi eto. Ac y mae heiasinth yn rhywbeth. Ond dydw i ddim yn twyllo fy hunan gyda'r blodyn 'ma. Dydw i ddim yn meddwl amdano fel cyfaill na dim byd twp fel'na. Fydd yr heiasinth ddim yn llefain ar f'ôl i. Does ganddo fe ddim teimladau tuag ataf fi o gwbl. Yn hyn o beth mae'n eitha tebyg i berson. Ac eto mae'n wahanol i berson hefyd. Dyw e ddim yn honni bod ganddo fe deimladau tuag ataf.

Mae pobl yn dwlu ar flodau a gerddi. Maen nhw'n credu eu bod yn addurno'r ddaear a dyna yw eu diben nhw. Nid felly y bydd blodyn yn meddwl. Does uffern o ots gan flodyn am ddynion. Stwff organig sy'n tyfu o'r ddaear, 'na gyd yw blodau. Stwff organig tebyg iawn i bobl ond heb fod mor ystumgar nac mor dwyllodrus. Maen nhw'n hardd os ŷch chi'n licio pethau felly. Ond mae rhai'n licio pryfed cop ac mae rhai'n licio brain. Os ŷch chi'n licio pethau felly dyna'r math o beth ŷch chi'n ei licio. Mae rhai'n credu bod blodau yn arwydd o fodolaeth duw. Ond dyw blodau ddim yn credu mewn duw.

* * *

—Rwy'n colli pwysau. Wyddwn i ddim bod modd i ddyn fod mor denau heb farw. Rwy'n colli'r pwysau o flaen fy llygaid fel petai. Rwy'n diflannu fesul tipyn. Ac mae fy nghroen yn grach coch a melyn i gyd. Mae dy flodau coch yn frech. Mae dy flodau melyn yn grawn.

* * *

Mewn ffilmiau mae hi'n wahanol. Mae'r teulu, fel arfer, yn ailasesu eu gwerthoedd ac yn datgyflyru eu hunain o'r syniadau a geir yn y papurau rhad. Y fam yn gyntaf, wrth gwrs, gan ei bod hi'n fam a chan ei bod hi a'i mab yn agos iawn at ei gilydd. Wedyn y chwaer ar ôl iddi fwrw ei hofnau ynglŷn â'r 'bygythiad' i iechyd ei phlant ei hun. Mae'r hen berthynas ddofn a chariad teuluol yn ennill y dydd a synnwyr yn trechu rhagfarn. Wedyn bydd y chwaer yn dod i mewn i'r ysbyty gan wthio'r nyrsys ma's o'r ffordd, yn camu'n hyderus at erchwyn y gwely ac yn cofleidio'i sgerbwd o frawd afiach fel sant yn cusanu'r dyn gwahanglwyfus. Ond mae'r tad yn gorfod brwydro'n hir. Mae'n meddwl am y gwarth i'w deulu a'r sarhad ar ei wryweidd-dra'i hun. Ydy hi'n bosibl i ddyn go-iawn gynhyrchu'r fath fab? Aiff ma's gyda'i gyfeillion i yfed, i chwarae pêl-droed, profi'i wryweidd-dra. Wedyn bydd y ferch yn siarad ag e. Methu'i gael i fynd i weld ei fab yn yr ysbyty. Wedyn ei wraig. Methu i ddechrau, ond ar ôl cryn dipyn o drafod cytbwys mae hi'n ei ddarbwyllo i weld taw eu mab yw eu mab. Ac yn y diwedd daw'r tad yntau i'r ysbyty. Ond mae'n ei chael hi'n anodd i fynegi'i deimladau tuag at ei fab. Dim ond codi'i law ar y sgerbwd truenus yn y gwely a daw i'w lygad ddeigryn. Try ar ei sawdl cyn i'w fab weld ei galon yn toddi.

A thrwy'r cyfan mae 'na gariad. Dyn ifanc hardd yn dod i'r ysbyty bob dydd. Bron yn nyrsio'r claf ei hun. Mae'r dyn ifanc hwn yn ffyddlon. Mae'r dyn ifanc hwn yn wrol. Bydd e'n cynnal ei gariad. Mae'r ddau'n mynegi eu cariad yn gwbl agored. Maen nhw'n well na gŵr a gwraig. Maen nhw'n Ddafydd a Jonathan, cu iawn. Maen nhw'n dystiolaeth i eraill ac yn foeswers i ni i gyd. Mae'r cariad yn brydferth bob amser ac yn ffyddlon fel ci defaid.

Dyna'r ffilmiau a'r nofelau a'r dramâu. Mae'n stori hawdd sy'n ceisio torri drwy'r rhagfarnau. Yn ceisio gwneud pethau'n dderbyniol. Does dim dim hylltra, ac mae hen ddigon o gariad i bawb. Mae'n hawdd fel'na gyda'r holl gefnogaeth. Ond dyw hi ddim yn wir. Does dim byd yn newid rhagfarnau a thwpdra beth bynnag. Mae'r ffilmiau yna'n gelwyddog.

*   *   *

Wyddwn i ddim ei bod hi'n bosibl teimlo mor dost o hyd. Mae pob clefyd yn y byd wedi ymosod ar fy nghorff ar yr un pryd.

*   *   *

Doeddwn i ddim yn gymysgar. Doeddwn i ddim yn olygus, ddim yn ddeniadol felly. Roedd hi'n hawdd peidio â bod yn gymysgar, wel doedd hi ddim yn hawdd ond doedd fawr o ddewis 'da fi. Byddwn i'n ffansïo llawer ond fyddwn i ddim yn cael llawer. Ambell un pan oeddwn i'n lwcus dyna i gyd. Ac wedyn fyddwn i ddim yn gallu'u cadw nhw'n hir. Noson yn unig fel arfer. Ond weithiau mwy na hynny. Dwy noson. Wythnos neu ddwy. Gweld ein gilydd dros gyfnod o fis efallai. Dim mwy na hynny. A fyddwn i byth yn cael y rhai roeddwn i'n eu mo'yn. Dyna pam dw i ddim yn gallu cofio'n dda iawn y rhai y cysgais i gyda nhw. Rwy'n cofio'r rhai na ches i monyn nhw'n well o lawer. Roedd hi'n anodd i rywun fel fi gael cyfathrach rywiol o gwbl heb sôn am ffurfio a chynnal 'perthynas'.

Ond rwy'n cofio un. Dydw i ddim yn cofio'i enw serch hynny. Roedd e'n bert. Ychydig yn hŷn na fi ond edrychai'n iau. Dydw i ddim yn cofio'r digwyddiad yn dda, sut wnaethon ni gwrdd a dod at ein gilydd, dw i ddim eisiau cofio, mae'n gofyn gormod o nerth i alw'r holl fanylion i gyd yn ôl.

A dyma ni mewn stafell yn rhywle, ei stafell ef efallai—neu fy stafell i? Dw i ddim yn cofio. Ond cofiaf ei gorff lluniaidd. Digon o gyhyrau tyn dros ei stumog, dim gormod. Digon o flew i'w addurno yn y llefydd iawn. Hyfryd. Daw ataf. Doedd dim 'cywilydd' arno. Doeddwn i ddim wedi cwrdd â neb a chyn lleied o swildod o'r blaen. Roedd e'n rhydd o'r holl ofnau sydd wedi cael eu gorfodi arnom. Roedd e'n rhydd o'r holl deimlad o euogrwydd a drygioni a bryntni sydd wedi cael ei bwnio i mewn i'n hymwybyddiaeth o'r dechrau. Gwersi'r bobl sy'n iawn, ac sy'n gwybod beth sy'n iawn i bawb arall—etheg blaidd, estheteg ieir, addysg brain. Prin yw'r rheini sy'n dianc rhag yr addysg honno. Yr addysg sydd wedi'n dysgu ni i fethu. Methu caru. Methu bwrw ein swildod. Methu mwynhau heb deimlo'n euog. Ond am unwaith dyma un a oedd wedi dianc; dyn a oedd yn blentyn o hyd, heb fod yn anaeddfed.

Noson o gariad·oedd honno. Dysgais fod cariad yn gallu para am gyfnod maith neu am gyfnod byr a'i fod yn beth anghyffredin ond nid hyd ei gyfnod sydd yn bwysig eithr ei ddilysrwydd.

*   *   *

Mae rhannau o'r corff weithiau'n teimlo fel petalau blodyn.

*   *   *

Hyacinthus oedd enw tywysog Spartaidd ifanc. Cwympodd y bardd *Thamyris* mewn cariad ag ef. Hwn oedd y dyn cyntaf i swyno rhywun o'r un rhyw ag ef ei hun, yn ôl yr hen chwedl beth bynnag. Ond cwympodd y duw Apolyon mewn cariad â *Hyacinthus* hefyd—y duw cyntaf i ymserchu mewn rhywun o'i ryw ei hun, yn ôl y Groegiaid. Yna daeth Gwynt y Gorllewin i garu'r mab hefyd, ac roedd e'n eiddigeddus o Apolyon ac fe ddigiodd pan welodd y duw yn dysgu'r llanc sut i daflu discws. Gafaelodd y Gwynt yn y discws yn yr awyr gan ei fwrw yn erbyn pen *Hyacinthus* a thorri'i benglog a'i ladd. Tyfodd flodau'r heiasinth o'i waed, dyna sut y cafodd y blodyn ei enw, a gellir gweld priflythyren enw'r mab ar ei betalau o hyd.

*   *   *

Beth sydd wedi digwydd i'm cyfeillion tybed? Roeddwn i'n disgwyl i'm tylwyth gefnu arnaf ond nid fy nghyfeillion. Fe aethon ni ar orymdeithiau drwy ddinasoedd yn ymgyrchu dros ein hawliau, yn chwifio baneri, yn gweiddi sloganau. Cyfeillgarwch wedi'i seilio ar gyd-ddealltwriaeth yn tarddu o'n profiad o ormes a rhagfarn. Cyfeillgarwch dwfn. Byw yn yr un tai, mynd i'r un llefydd, darllen yr un papurau a llyfrau, cytuno ar yr un pwyntiau dros gyfnod o flynyddoedd. A'r cyfeillgarwch yn dyfnhau gyda threigl y blynyddoedd. Roedd cyfeillgarwch yn bwysicach na chariadon. Pethau dros dro oedd cariadon. Creaduriaid wedi'u gwneud i'ch siomi ac i dorri'ch calon a chwerwi'ch ysbryd oedd cariadon. Ond roedd cyfeillion yn ddibynadwy. Roedd y rheini yno ar ôl i'r cariadon ddiflannu. Yn anffodus y mae dyn yn gorfod symud. Yn wahanol i flodyn. Creadur heb wreiddiau ydyw dyn.

Llythyrau i ddechrau. Wedyn llai. Wedyn dim. Sgyrsiau ar y ffôn o bryd i'w gilydd. Ac wedyn dim. Dim gair.

Mae cyfeillgarwch yn dibynnu ar agosrwydd a lleoliad.

Fy nghyfeillion. Ble maen nhw tybed? Pwy oedden nhw?

—Cyfeillion. Rwyt ti'n arfer gair nawr nad wy erioed wedi cael crap ar ei ystyr, meddai Baudelaire.

Ond roedd hwnnw'n gallu bod yn sentimental.

*   *   *

Mae rhyw linell yn chwarae yn fy mhen. Yn atseinio. Dydw i ddim yn cofio'i chyd-destun nac o ble mae hi'n dod. Mae'n farddoniaeth—'Gorfoledd brain', dyna'r llinell 'gorfoledd brain, gorfoledd brain'. Ac y mae'r llinell hon yn ymgysylltu â'r heiasinth gan

fod yr heiasinth yn perthyn i gennin y brain. A dw
i'n gwybod yn iawn i bwy mae'r brain yn perthyn.
Adar angau ydyn nhw. Ac mae 'na enw arall ar
gennin y brain—clychau'r gog. Ac mae'r gog hithau'n
gysylltiedig ag Angau—

> Yn Abercuawg yd ganant gogau,
>   Ar gangau blodeuawg,
> Gwae glaf a'u clyw yn fodawg.

A dyna'r heiasinth. Rwy'n ceisio cofio rhywbeth
arall, stori a glywais am yr heiasinth. Y gwreiddyn
wedi'i gladdu yn dynodi'r ddaear. Coes y planhigyn
yn saethu i'r nef yn syth fel echel y byd. Ac ar ben
hynny blodau'r sêr gyda'u petalau chwe phwynt, y
sêr uwchben y byd.

*   *   *

Mae rhywbeth yn siŵr o ddigwydd cyn bo hir. Alla
i ddim mynd ymlaen fel hyn am yn hir iawn eto.
Ond does dim eisiau brysio pethau. Mater o aros yn
amyneddgar yw hi o hyn ymlaen, anwybyddu poen
a gwendid. Wedyn bydd fy nghyflwr nesaf yn para
am byth. Wedyn caiff y brain orfoleddu. Tan hynny,
gadewch i mi ganolbwyntio ar yr heiasinth a'i
betalau. Dim ond y fi a'r blodyn. Y blodyn a fi. Y
blodyn a dim. Dim ond y blodyn. Gorfoledded y
brain!

SALEM A SAUNDERS

(Y gwirionedd am y llun adnabyddus *Salem*)

Rhagair

Bu farw f'annwyl gymydog a'm cyfaill Kledwyn Jones yr arlunydd a'r beirniad celf enwog yn yr haf y llynedd pan gwympodd ei sigarét o'i ben i'w wely. Fe'i llosgwyd yn ulw. Ychydig cyn ei farwolaeth ddisymwth a thrist dywedodd Kledwyn ei fod yn gweithio ar erthygl ar rywbeth yr oedd e wedi'i ddarganfod ynglŷn â'r llun *Salem* gan Vosper. Gwrthodod ddatguddio mwy na hynny ond yr oedd yn amlwg wedi'i danio a'i gyffroi. Yr oedd yn ddyn bywiog a gweithgar ac yn llawn brwdfrydedd ynglŷn â rhywbeth neu'i gilydd bob amser ond yr oedd y gyfrinach ddiweddaraf hon wedi'i feddiannu'n llwyr ac wedi mynd â'i fryd yn fwy nag unrhyw un o'i astudiaethau blaenorol. Profiad rhyfedd oedd ei weld y pryd hynny, y goleuni fel trydan yn ei lygaid. Yn anffodus aeth dros ben llestri, aeth yn esgeulus ohono'i hun. Yr oedd bob amser yn greadur anhrefnus a phoenai fy ngwraig, Linda, amdano fel chwaer. Ond yn y cyfnod olaf âi heb fwyd am ddyddiau bwygilydd—heb iddo sylweddoli. Anghofiai am ei ymddangosiad yn gyfan gwbl, aeth ei wallt yn flêr a'i farf yn wyllt. Smygai sigarennau'n ddi-baid, a'i unig gynhaliaeth tua'r diwedd oedd coffi du a siocled. Yn fy marn i nid y tân a gynheuwyd gan ei sigarét a'i llosgodd eithr y tân mewnol a'i gyrrai fel rhyw ysbryd drwg neu ellyll.

Carwn amlinellu bywyd a chymeriad Kledwyn yn gryno iawn oherwydd er bod ei enw a'i waith a'i ysgrifau yn gyfarwydd i lawer ohonoch chi, ychydig iawn a'i hadwaenai'n dda gan ei fod yn greadur ofnadwy o swil ac yn feudwy a garai'r encilion. Wedi dweud hynny mae hi'n anodd disgrifio dyn mor hynod o gymhleth mewn ychydig o eiriau. Gallai Kledwyn dynnu braslun o rywun ar ddarn o bapur â phensil mewn ychydig o eiliadau ac er mai prin oedd y llinellau a ffurfiai'r llun byddai'r tebygrwydd yn ddigamsyniol—ac yn fwy na hynny daliai gymeriad ac ysbryd y gwrthrych. Pe cawn i ddogn o'r ddawn honno yn awr efallai y gallwn wneud cyfiawnder â Kledwyn a'i ddarlunio mewn geiriau cynnil a gyfleai'r dyn ei hun.

Fe gwrddais i a Linda ag e tua deunaw mlynedd yn ôl pan symudodd i fyw i fwthyn yn ein pentre ni. Ar y dechrau yr oedd i'w weld yn greadur od braidd ac yn ddigon hoff o'i gwmni'i hun ac yn un a ddymunai gadw pawb arall hyd braich. Wnaethon ni ddim cwrdd ag ef na thorri gair ag ef yn ystod y flwyddyn gyntaf nes y daeth y gaeaf a'i dywydd mawr. Daeth Kledwyn lawr o'i fwthyn un noson mewn tipyn o drybini. Yr oedd y goleuadau a'r trydan meddai, i gyd wedi methu ac ni wyddai beth yn y byd i'w wneud. Euthum lan a newid y ffiws iddo. Fel arwydd o'i ddiolch cawsom ein gwahodd i gael te gydag e un prynhawn. Dyna'r tro cyntaf i ni weld holl annibendod ei gartref; ei bentyrrau o bapurau a'i gruglwythi o lyfrau ym mhobman, ei luniau a'i ddarluniau ar y gweill, ei gasgliadau o bob math o bethau hynod—cerrig, cregyn ac esgyrn (esgyrn milod ac adar bach), ac ar y waliau gardiau post yn dangos gweithiau enwog gan artistiaid y gorffennol a'r presennol. Ar ôl yr ymweliad cyntaf hwnnw dywedodd Linda mai dyna'r tŷ mwyaf 'dad-foring' a welsai erioed ond buasai wedi licio cael cymoni rhywfaint ar y lle.

Fesul tipyn daeth Kledwyn allan o'i gragen a daethom yn ffrindiau da—er na chawsom rannu cyfrinach ei gefndir a'i wreiddiau. Mor ddiddorol oedd hi i gael croesawu i'r ardal rywun oedd â diddordeb, fel ninnau, yn y celfyddydau a'r 'pethe'. Wedyn deuai lawr i'n tŷ ni bob dydd bron a phob tro byddai'i ymweliad yn brofiad syfrdanol ac annisgwyl. Ni ellid byth rag-weld beth fyddai gydag e i'w ddweud neu i'w ddangos. Weithiau deuai â llun y bu'n gweithio arno neu gerdd neu rywbeth yr oedd wedi'i ddarganfod yn yr ardd neu'r goedwig neu ar y traeth gerllaw. Trueni na wnes i ddim cofnodi holl 'bethau Kledwyn' (chwedl Linda a finnau), ei holl ddamhegion a'i wersi a'i ddarlithiau bach, a'i storïau digri—ond yn fwy na'i eiriau a'r pethau y dangosodd Kledwyn i ni yr oedd ei bresenoldeb yn unigryw ac yn gampwaith ac yn annisgrifiadwy— gwell i mi beidio â threio'i ddisgrifio felly.

Daeth Linda yn hoff iawn ohono. Er ei fod yn hen lanc ac yn hen ddyn yr oedd rhywfaint o'r plentyn ynddo o hyd. Er y bydd hi'n grac fy mod i'n dweud hyn, yr oedd Linda eisiau bod yn fam iddo. Ond yr oedd Kledwyn yn rhy annibynnol i oddef unrhyw fenyw yn ceisio rhoi trefn ar ei bethau. Yr oedd ganddo syniadau anghyffredin—a dweud y lleiaf. Yr oedd yn llysieuwr, darllenai'r *I Ching*, yr oedd yn erbyn ceir (credai y dylid mynd yn ôl i ddefnyddio ceffylau) a doedd ganddo gynnig i gerddoriaeth o unrhyw fath. Credai yn ddiffuant ei fod wedi byw ar y ddaear sawl gwaith o'r blaen a'i fod yn cofio rhai o'r bywydau hyn yn fanwl iawn. Honnai iddo fyw yn yr Aifft yn oes y Ffaro; bu'n escimo neu *inuit* mewn oes arall a dyna pam, meddai, nad oedd oerfel yn menu dim arno; ac er mawr gywilydd iddo bu'n aelod o Chwilys Torquemada mewn bywyd arall, ond fel petai i wneud iawn am hynny cafodd ei losgi am ei fod yn *Carthar* mewn ymgnawdoliad arall yn fuan ar ôl hynny. Credai'n gryf mewn ysbrydion ac yr oedd ei hen fwthyn, meddai, yn orlawn ohonynt. Ond nid pethau i'w hofni mohonynt yn ei dyb ef. Bob hyn a hyn mynnai'i fod e wedi gweld rhywbeth yn yr awyr, ymwelwyr o'r gofod, o blanedau eraill, meddai. Credai fod y cylchoedd yn y caeau ŷd a welsid dro'n ôl wedi'u taflunio gan belydrau o'r gofod a'u bod yn cyfleu negeseuon i ni ynglŷn â dyfodol ein byd ond ein bod yn rhy dwp i'w dehongli. Ni fynnai fynd i weld doctor ar unrhyw gyfrif, dewisach ganddo fyddai defnyddio perlysiau a dyfai yn ei ardd wyllt at unrhyw salwch neu boen.

Dyn od, efallai, ond yr oedd ei syniadau am gelfyddyd a hanes a llenyddiaeth, fel y gwyddoch, yn ddigon confensiynol a chadarn a disgybledig. Felly, fel ei ysgutor y mae'n bleser ac yn fraint gennyf gyhoeddi yma ei erthygl olaf (y deuthum o hyd iddi ar ei ford anniben ymhlith ei bapurau). Mae'n amlwg fod ganddo dipyn o waith eto i'w wneud arni i'w chaboli a'i chymoni yn ei ffordd ddiarbed arferol, cyn ei chyhoeddi—ac fel y gwelwch y mae ei diwedd yn eisiau. Ni lwyddais i ddod o hyd i nodyn ymysg ei bapurau eraill a fyddai'n cyflenwi'r diffyg hwn. Serch hynny, hyderaf y bydd y llith o ddiddordeb i rai. Yr oedd Kledwyn Jones wedi bwriadu'i gyhoeddi fel Datguddiad i'r Genedl.

Efallai y byddai edmygwyr Saunders Lewis yn cael damcaniaeth Kledwyn Jones yn anodd ei chredu. Ond ni welaf ddim ynddi nad yw'n fwy anodd i'w dderbyn na rhai o'r pethau anhygoel, abswrd eraill a ddywedwyd am Saunders Lewis yn ddiweddar, megis ei garwriaeth â Kate Roberts neu ei wrth-semitiaeth honedig.

Dylid nodi, hwyrach, fod 'cyfeiriadau' Kledwyn Jones yn amrywio rhwng y manwl gywir a'r digywilydd o *bogus* ac nid hawdd yw gwahaniaethu weithiau rhwng gwybodaeth ddilys a gwybodaeth ffug. Yr oedd y traethawd wedi ei ysgrifennu yn ei law fân, gain Eidalaidd glasurol ac ni newidiais air nac atalnodyn na'r un o'i frawddegau amlgromfachog a sangiadol, oedd mor debyg i'w ffordd o siarad, eithr ei gyhoeddi yma fel y cefais ef.

Calanmai   E. W-W

Y Gwirionedd am y Llun Adnabyddus *Salem*
gan
Kledwyn Jones

Gwnaethpwyd y llun *Salem* gan Curnow (weithiau 'Cernew') Vosper tua'r flwyddyn 1908 ac fe'i dangoswyd yn arddangosfa'r Academi Frenhinol ym 1909. Fel y gwyddys daeth y llun hwn yn enwog drwy Brydain, ond yn arbennig felly yng Nghymru (oherwydd apêl ei destun i drigolion y wlad hon) ar ôl ei atgynhyrchu a'i ddosbarthu'n rhad gyda sebon fel rhan o'r ymgyrch i hysbysebu'r sebon hwnnw. Yn fuan tyfodd rhyw fath o chwedloniaeth o gwmpas y llun. Cyfansoddodd y Prifardd T. Rowland Hughes gerdd am y llun, ac ysgrifennodd Endaf Emlyn gân amdano. Ond y storïau a ddywedir am yr hyn sydd yn digwydd yn y llun sydd fwyaf hysbys i'r rhelyw ohonom. Ond cyn troi at y storïau hyn gadawer i ni edrych ar rai o'r pethau y gellid dweud eu bod yn ffeithiau hanesyddol am y darlun. Dywedir mai Siân Owen o Dŷ'n y Fawnog yw prif wrthrych y llun, hysbys hefyd yw enwau rhai o'r bobl eraill sydd i'w gweld, sef Wiliam Siôn (neu Jones), Owen Siôn (neu Jones), Robat Wilias (neu Robert Williams) o Gae'r Meddyg, a rhyw fenyw o'r enw Laura o Dŷ'n y Buarth a oedd yn adnabyddus am berseinedd ei llais. (Diau fod rhai o'r cymeriadau eraill yn y llun yn hysbys wrth eu henwau hefyd, y bachgen bach, er enghraifft, ond dyna hyd fy ngwybodaeth ar hyn o bryd. Beth bynnag, nid yw enwau'r bobl eraill yn bwysig i hyn o drafodaeth.) Ffaith foel arall nad oes dim dadl yn ei chylch yw i Vosper wneud y llun yng Nghapel Salem, Cefn Cymerau, Cwm Nantcol, ger Llanbedr yn yr hen Sir Feirionnydd. Ni wyddys pa mor hir y cymerodd Vosper i dynnu'r llun ond y mae hyn yn sicr: bu'n rhaid i bawb yn yr olygfa 'sefyll' i Vosper am dipyn o amser a mwy na thebyg y bu'n rhaid iddynt sefyll ar sawl achlysur dros gyfnod gweddol hir. O safbwynt technegol neu o safbwynt 'cyfansoddiad' y bobl, hynny yw, y gynulleidfa, o fewn y llun un o'i wendidau (dim ond gwendid bychan ydyw mewn gwirionedd) yw fod pawb braidd yn 'osodedig', yn blanedig bron. Eto i gyd golygfa dawel yw hon. Y mae rhinweddau'r cyfansoddiad yn lluosocach na'r gwendidau. Fe'n trewir yn gyntaf gan yr hetiau du a chrëir teimlad o symud tonnog gan yr hetiau hyn gan nad ydynt ar linell wastad. Yn gefndir i'r hetiau mae'r wal uchel olau a phlaen. O uchder yr hetiau a'r wal a'r ffenestr fe ddisgyn ein sylw ar siôl liwgar 'Siân Owen' ac yna ar ôl oedi i astudio'r siôl am dipyn efallai, trown i ystyried manylion eraill. Pren y meinciau, y pentwr bach o lyfrau (llyfrau emynau a beiblau) yn y gornel, dwylo'r dyn sy'n plygu'i ben i weddïo. Yr hen ddyn (henaint) a'r bachgen bach (ieuenctid). Dwyster yr wynebau a dilysrwydd syml yr addolwyr ynghyd â'r goleuni hyfryd (sylwer ar y goleuni ar het y fenyw yn y canol—ai hon yw Laura o Dŷ'n y Buarth?) sydd yn gyfrifol am 'awyrgylch' ddymunol a thangnefeddus y llun.

Ond bydd y sawl sydd yn gyfarwydd â'r pictiwr a'r storïau sy'n gysylltiedig ag ef—os ydyw wedi bod mor amyneddgar a goddefgar ag i ddarllen mor bell â hyn—yn gofyn pam fy mod i wedi osgoi sôn am 'Siân Owen' (a pham fy mod yn mynnu rhoi'i henw mewn dyfynodau o hyd): onid ei siôl hi a'i hwyneb hi yw'r elfennau mwyaf diddorol yn y llun i gyd? Ie, wrth gwrs. Y mae'n bryd sôn felly'n gryno am y storïau, oherwydd, yn fy marn i, nid y storïau hyn sy'n bwysig fel y byddaf yn ceisio dangos yn nes ymlaen. Yn ôl un stori y mae 'Siân Owen' yn dod i mewn i'r capel yn hwyr, wedi cymryd amser hir i wisgo'i siôl orwych amdani, ac am hynny fe'i cosbwyd drwy roi wyneb y diafol ym mhatrwm plygiadau'r dilledyn (dros benelin y fraich sy'n dal y Beibl/llyfr emynau); yn ôl stori arall ar lafar gwlad yr oedd 'Siân Owen' yn wrach ac âi'r diafol gyda hi i bobman; yn ôl stori arall eto y mae 'Siân Owen' yn cael ei hela allan o'r capel am iddi ddod i'r cwrdd yn rhodres i gyd yn ei siôl odidog, ac ychwanegir at ei chosb drwy roi wyneb y Gŵr Drwg yng nghrychau'r siôl (fel y nodwyd uchod). Ond ni all y storïau hyn fod yn wir am nifer o resymau— a) yn ôl yr arlunydd Vosper ei hun nid oedd e wedi bwriadu rhoi unrhyw awgrym o wyneb cythreulig yn y llun o gwbl (mae hyn, wrth gwrs, yn codi cwestiwn ynglŷn â bwriadaeth artist ond nid af ar ôl y sgwarnog honno yma), b) nid siôl 'Siân Owen' oedd hi eithr un a fenthycwyd ganddi ar gyfer y llun gan wraig ficer Harlech (nid yw hynny, wrth gwrs, yn golygu na theimlai 'Siân Owen' yn hynod o falch yn y wisg ysblennydd), c) rhaid i ni gofio mai *pose* yw'r cyfan ac felly nid yw 'Siân Owen' yn mynd nac yn dod, eithr sefyll y mae hi er mwyn i Vosper gael tynnu'i llun, a rhaid i ni beidio â choleddu'r syniad mai cwrdd 'swyddogol' sydd yn y llun, mwy na thebyg y buasai Vosper wedi gorfod gofyn i'r gynulleidfa (efallai y dylswn roi'r gair yna mewn dyfynodau hefyd o gofio nad oedd y rhan fwyaf o bobl a welir yn y llun yn aelodau capel Salem ei hun) sefyll ar brydiau pan nad oedd gwasanaeth. Darlunio'r Cymry gwerinaidd a chrefyddol yr oedd Vosper yn hytrach na chofnodi unrhyw achlysur arbennig.

Yn ôl llythyron Vosper ei hun defnyddiwyd *dummy* yn ystod yr arlunwaith a safai yn lle 'Siân Owen' a rhai o'r cymeriadau eraill, yn wir os wyf fi'n deall y cyfansoddiad yn iawn nid un 'Siân Owen' sydd yn y llun eithr dwy, o leiaf. A chan fod un o'r hen ddynion yn ddiamynedd cymerodd y llall ei le er mwyn i Vosper gael gorffen y ffigur. Defnyddiwyd dau fachgen, hefyd, ar gyfer y crwtyn —un ohonynt yn ddall. Ac yn goron (esgusoder y gair mwys) ar y cyfan dim ond un het, a drosglwyddwyd o fodel i fodel, yn ei dro, sydd yn y llun mewn gwirionedd. Mae'r pictiwr yn labrinth o *doppelgängers* a phobl ffug, rhithiau a thriciau. Nid yw'n rhyfedd fod awyrgylch o ddirgelwch yn ei amgylchynu.

Ond yn awr yr wyf yn dod at brif bwynt fy nhrafodaeth—ei byrdwn, ei chnewyllyn, ei hergyd— hynny yw: SAUNDERS LEWIS OEDD 'SIÂN OWEN' TŶ'N Y FAWNOG. Neu, a'i rhoi hi fel arall 'Siân Owen' Tŷ'n y Fawnog oedd Saunders Lewis.

Caniataer i mi ymhelaethu ac egluro. Fel llawer o bobl yng Nghymru mae gen i brint o *Salem* ac roeddwn i'n gyfarwydd iawn â'r hen olygfa dawel yn y capel bach ac wyneb rhychiog 'Siân Owen' a'r wep ddieflig yn y siôl, ond wnaeth y cysylltiad â Saunders Lewis ddim gwawrio arnaf tan yn ddiweddar iawn.

Rydw i'n un sy'n licio prynu cardiau post a phrintiadau o luniau enwog arnynt. Yna byddaf yn glynu'r lluniau ar y wal yn fy nghell. Mae gen i gasgliad enfawr amrywiol a rhyngwladol erbyn hyn —lluniau gan Caravaggio, Leonardo, Michelangelo, Beardsley, Warhol, Gilbert & George, Francis Bacon, Touko yr arlunydd o'r Ffindir a rhai arlunwyr â chysylltiadau Cymreig, wrth gwrs, fel Kyffin Williams, Augustus a Gwen John, Ceri Richards, Brenda Chamberlain, David Jones ac yn y blaen. Ond cyn i mi redeg i rysedd (os nad wyf i wedi gwneud hynny eisoes) yn ddiweddar fe ddechreuais ychwanegu lluniau o lenorion ac arwyr at fy nghasgliad. Dydw i ddim yn cofio pam yn y byd y rhois i Saunders Lewis ochr yn ochr â'r llun *Salem*—dim lle arall, efallai—beth bynnag roedd e'n gyd-ddigwyddiad (os oes y fath beth â chyd-ddigwyddiadau, yn ôl rhai y mae popeth wedi'i ragarfaethu, ac yn wir rwyf innau'n dechrau credu hynny). Ac yna un diwrnod roeddwn i'n ysgrifennu wrth fy nesg pan edrychais i fyny am eiliad wrth chwilio am air, a gwelais hen wyneb Saunders Lewis; mynd ymlaen wedyn â'r ysgrifennu am dipyn, yna edrych i fyny eto a digwydd gweld llun Vosper y tro hwnnw, ysgrifennu eto ac yna edrych i fyny ac roedd y ddau lun wedi ymdoddi i'w gilydd neu wedi cyfnewid lle fel petai. Roedd 'Siân Owen' yn gwenu fel giât ac yn gwisgo siwt ac yn yfed gwin tra oedd Saunders Lewis yn gwgu o dan hen het ddu Gymreig ac yn sefyll yn y capel bach. Ac yna fe welais y gwirionedd, roedd mor amlwg fel ei bod hi'n anodd deall pam y bûm i mor araf yn ei weld (ond dyna'r teimlad bob tro wrth amgyffred rhywbeth sy'n wir). Yr un oedd Saunders Lewis a 'Siân Owen' Tŷ'n y Fawnog. Yr un wyneb oedd yn y wisg Gymreig, yr un wyneb oedd yn yr awyrgylch soffistigedig. Craffais ar yr wynebau eto i wneud yn siŵr nad oeddwn yn gwneud camgymeriad. Cymherais wyneb Saunders Lewis ag wyneb 'Siân Owen', rych am rych, nes nad oedd amheuaeth yn y byd ynghylch y gyfatebiaeth. Nid mater o debygrwydd hynod oedd hwn. Roedd e'n fwy na bod 'Siân Owen' a Saunders Lewis yr un ffunud â'i gilydd—yr un oeddynt!

Yn naturiol roedd y darganfyddiad yn ysgytiad ac yn anodd ei dderbyn ar y dechrau. Ond roedd yn weledigaeth hefyd ac roeddwn i am weiddi'r newyddion o bennau'r tai.

Ond ymbwyllais a dechrau ystyried goblygiadau'r peth. Cododd nifer o gwestiynau. Yr un amlycaf oedd—ble'r oedd Saunders Lewis ym 1908 pan oedd Vosper yn gwneud ei lun enwocaf? A chwestiwn arall oedd—beth oedd oedran Saunders Lewis ar y pryd? Roedd yr ail o'r cwestiynau hyn yn haws o lawer i'w ateb na'r cyntaf. Ym 1908 roedd Saunders Lewis yn bymtheg oed. Ac roedd e i fod yn 'Liscard High School for Boys' yn dysgu Lladin, Saesneg a Ffrangeg ac yn adrodd cerddi Rudyard Kipling (fel y dengys D. Tecwyn Lloyd yn ei lyfr *John Saunders Lewis* cyfrol I). Ond fel y mae'r byd yn gallu gweld roedd e'n sefyll yn hen gapel Salem—mae llun Vosper yn ei brofi yn fitsiwr! Ond does dim sôn, am wn i, am Saunders Lewis yn mynd ar goll o'r ysgol. Sut gallai fod mewn dau le gwahanol ar yr un pryd? Mae hyn yn hawdd i'w egluro. Mor gynnar â hynny roedd Saunders Lewis yn dechrau troi yn sant, ac fel y gwyddys y mae llawer o saint yn meddu ar yr hyn a elwir yn *bilocation*, sef y gallu i fod mewn dau le ar yr un pryd. Roedd Ffransis Sant o Assissi yn meddu ar y ddawn ddiddorol hon, a Santes Theresa a'r Fendigaid Fair o Agreda heb sôn am ein hannwyl Ddewi. Mae'r deuleoliad hwn yn nodweddiadol o'r Saint yn wir. A chlywais lawer o bobl yn cyfeirio at Saunders Lewis fel sant hyd yn oed cyn iddo farw. Yn wir aeth un o'm cymdogion, Annes Phillips, ar bererindod i Benarth ar ôl marwolaeth S.L., er mwyn cael cerdded lan a lawr y stryd tu allan i'w dŷ —'Bryn y Môr', oherwydd yn ei barn hi roedd y llwybr hwnnw'n 'sanctaidd' oherwydd i S.L. ei droedio.

Ond—a dyma ni'n dod at broblem ddyrys arall— os ydym yn barod i dderbyn fod Saunders Lewis yn gallu bod mewn dau le gwahanol ar yr un pryd fel y Saint Catholig (a chredaf fy mod i wedi profi'r pwynt yn ddigon argyhoeddiadol yn barod) pam y mae ei wyneb yn narlun Vosper mor hen a rhychiog ac yntau'n ddim ond llanc yn ei arddegau? Wrth gwrs, roeddwn i wedi cymharu llun ffotograff o S.L., a dynnwyd pan oedd e'n hen ŵr â llun 'Siân Owen' a'u cael nhw'n cyfateb i'w gilydd i'r dim. Ond pan gymherais lun o'r Saunders Lewis ifanc â'r hen wraig, braidd yn siomedig oeddwn, nid oedd y tebygrwydd mor amlwg. Yna fe gofiais am yr hynod Saint-Germain. [Sylwer nad yw Kledwyn Jones yn nodi yn y fan hon fel y dylai, efallai, rhag ofn cymysgu'r darllenydd, nad Sant yn yr ystyr sanctaidd mo hwn eithr Saint-Germain oedd ei gyfenw.]

Gwelwyd Saint-Germain, yn ôl yr haneswyr, yn gyntaf tua'r flwyddyn 1710, yn ŵr tua'r deugain oed. Mae ei gyfeilles, Mme d'Adhémar, yn nodi yn ei dyddiadur iddi ei weld ym 1820, ond roedd yn dal i edrych fel gŵr deugain oed. Fe'i gwelwyd eto ym 1972 ar y teledu yn Ffrainc yn dal i edrych yn ddeugain oed, a'r tro hwnnw profodd taw Saint-Germain ydoedd drwy droi darn o blwm yn aur o flaen y camerâu. Gwelwyd ef hefyd, wrth gwrs rhwng y dyddiau hyn gan lawer o bobl bwysig, ond doedd e byth i'w weld yn heneiddio, eithr fe ymddangosai fel dyn o gwmpas ei ddeugain oed.

Cofiais hefyd am Ahasferws yr Iddew a felltithiwyd gan Iesu Grist am iddo wrthod iddo gael gorffwys am eiliad y tu allan i'w siop ac yntau, Iesu Grist, dan bwn y Groes. Dywed rhai fod Ahasferws yn cael ei weld o bryd i'w gilydd o hyd, yn aros am yr Ailddyfodiad—heb heneiddio.

Yn awr nid wyf yn awgrymu am eiliad fod S.L. yn perthyn i'r dosbarth o bobl hirhoedlog ond braidd yn felltigedig hyn ond yn bendant, roedd e'n gallu heneiddio ac 'adiengeiddio' wrth ei ewyllys hyd at ei saithdegau (ar ôl yr oedran hwn ni allai adiengeiddio mwyach) ac mae'r dystiolaeth i'w gweld yn y lluniau a dynnwyd ohono. Ym mhob cyfnod yn ei fuchedd, ochr yn ochr â lluniau sydd yn ei ddangos yn yr oedran yr oedd ar y pryd, gwelir hefyd ambell lun ohono â'r hen wyneb sydd mor gyfarwydd i ni fel wyneb 'Siân Owen'. Dyma luniau o S.L. yn ifanc yn ei arddegau a dyma, yn eu plith wedi'r cyfan—wyneb 'Siân Owen'—S.L. yn ei ugeiniau a'i dridegau ac yna enghreifftiau eraill o'i allu i droi'n 'Siân Owen', neu yn hytrach i droi yn hen yn ôl ei ewyllys. Gwelir hyn hefyd yn digwydd o bryd i'w gilydd pan oedd e'n ganol oed. Dyma lun ohono gyda D.J. Williams yn S.L. canol oed mewn eisteddfod, dyma lun arall a dynnwyd yr un diwrnod yn yr un eisteddfod, y tro hwn y mae S.L. yn sefyll gydag Aneirin Talfan Davies, ond y tro hwn wyneb 'Siân Owen' sydd ganddo.

Yn fy marn i aeth y ddawn arbennig ac arswydus hon i mewn i waith creadigol Saunders Lewis. Felly pan ddywedwn mai Siwan oedd Saunders Lewis, a Blodeuwedd oedd Saunders Lewis neu Saunders Lewis oedd Monica yr ydym yn dweud, mewn gwirionedd, mai 'Siân Owen' oedd Monica a 'Siân Owen' efallai oedd yr 'hen wrach' honno'n mynd 'o gist i gist dan y glaw', ac yn codi pob clawr yn y gerdd 'Golygfa Mewn Caffe'.

Y mae hyn yn dod â fi'n gyfleus iawn at y cwestiwn sydd wedi bod yn ysu am gael ei ofyn o'r dechrau—Pam? Pam yr aeth Saunders Lewis i'r holl drafferth o fynd i gapel Salem ym 1908 a chyfnewid lle â'r hen Siân Owen (nid wyf yn gwadu ei bodolaeth hi, sylwer, dweud yr wyf nad hyhi sydd yn ganolbwynt llun enwocaf Vosper. Ond dof yn ôl at y pwynt diddorol hwn am y gwir Siân Owen ychydig yn nes ymlaen), cyfnewid lle â hi a heneiddio dros dro? Wel os Saunders Lewis yw prif arwr yr iaith Gymraeg yn y ganrif hon, yn bendant prif eicon ein gwlad yw *Salem* llun Vosper, neu a bod yn fanylach 'Siân Owen' yw prif ddelw ein cenedl. Mae 'Siân Owen' wedi dod i gynrychioli Cymru mewn corff—dyna hi yn y llun hwn, Cymru wedi'i hymgnawdoli—hen wraig mewn gwisg a het Gymreig mewn capel yn cario'i Beibl, hen wraig fusgrell a sarrug a chas a chrintachlyd yr olwg—hen wraig hagr, egwan, llawn cricymalau, tlawd a di-rym— 'Siân Owen' yw Cymru. Ac onid yw'n briodol mai Saunders Lewis ei hun yw hon, fel bod arwr y genedl hefyd yn eicon y genedl?

Ond, yn awr, i ateb y cwestiwn ynglŷn â'r gwir Siân Owen. Gwelir honno yn y llun arall *Market Day* gan Vosper (mae hi'n dalach na Saunders Lewis). Ond efallai'i bod i'w gweld yn *Salem* wedi'r cyfan. Pwy a ŵyr nad wyneb Siân Owen

[Yn y fan hon y terfyna'r llawysgrif. E.W-W.]

Y DYDDIADUR FFUG

Y noson cyn i Mam gael ei threisio—a hithau bron yn bedwar ugain—roedd hi'n noson arferol yn ein tŷ ni. Buon ni'n gwylio'r teledu, Mam a finnau. Rydyn ni'n licio'r teledu ac yn ei wylio bob nos er bod gormod o rwtsh yn cael ei ddangos y dyddiau hyn. Mae Mam yn gwylio bob amser â'i thraed lan ar stôl neu gadair, blancedi dros ei choesau a'i dwylo o dan y blancedi. Dyw hi ddim yn symud ar ôl iddi setlo lawr fel hyn tua phump o'r gloch, nes ei bod hi'n bryd iddi fynd i'r gwely, tua hanner awr wedi un ar ddeg os nad oes dim byd o werth ar y teledu ar ôl hynny, ond os oes rhywbeth da byddwn ni'n aros lan tan un o'r gloch, hanner awr wedi un, dau o'r gloch weithiau. Rydyn ni'n licio comedïau ac rydyn ni'n licio ffilmiau iasoer. Ond dydyn ni ddim yn licio ffilmiau cnawdol. Hynny yw, ffilmiau sy'n dangos pobl yn gwneud pethau corfforol gyda'i gilydd. Dyw Mam a finnau ddim eisiau gweld pethau fel'na a does dim eisiau eu dangos nhw beth bynnag. Bob tro y daw bronnau noeth ymlaen neu ryw sôn am gondoms bydd Mam yn dweud—Hen ddwldod. Beth sydd ar yr ochr arall? Serch hynny rydyn ni'n licio ffilmiau rhamantaidd, yr hen ffilmiau lle maen nhw'n gadael pethau fel'na i'r dychymyg. Ac rydyn ni'n licio ffilmiau natur hefyd, ffilmiau dogfen sy'n dangos anifeiliaid gwyllt yn byw yn eu cynefin naturiol. Ar y Sul mae Mam yn licio gwylio'r rhaglenni crefyddol, yn enwedig nawr bod yr hen gapel wedi cau. Roedd hi'n licio'i chapel, roedd hi'n ffyddlon hyd y diwedd. Mae hi'n licio clywed y canu yn y rhaglenni o'r capeli ac mae hi'n licio canu gyda nhw. Byddaf i'n mynd i eistedd yn y parlwr bryd hynny gan fod ei llais hi wedi cracio. Mae'r sŵn yn ofnadwy, alla i ddim dioddef gwrando arni—ond rydyn ni'n cael hwyl am y peth. Rydyn ni'n ffrindiau ac rydyn ni'n cael llawer o hwyl gyda'n gilydd.

Tua saith o'r gloch bob nos rydyn ni'n cael disgled o de. Am wyth o'r gloch rydyn ni'n cael bob o becyn o greision—neu, weithiau bydd Mam yn cael tomato ar blât ac yn ei dorri fe lan ac yn ei fwyta gyda chyllell a fforc fel darn o gig—ac yna am naw o'r gloch bob o *cup-o-soup* a thipyn o fara. Y fi sy'n gwneud y pethau hyn i gyd—mae Mam wedi gweithio'n ddigon caled ar hyd ei hoes. Mae hi'n ddigon heini o hyd, ond rydw i'n licio gwneud y pethau hyn er mwyn ei phlesio hi nawr ei bod hi'n hen. Ac ar ddiwedd y noson rydyn ni'n cael bob o far o siocled. Byddaf yn cadw'r siocledi hyn lan llofft yn fy stafell ac yn dod â nhw lawr tua deg neu hanner awr wedi deg a'u cuddio nhw y tu ôl i 'nghefn—bydd Mam yn eu gweld nhw bob amser ac yn chwerthin, mae hi fel merch fach ddeuddeg oed o hyd.

Mae hi . . . Mae hi fel merch fach. Ond wnaeth hi ddim para'n hir ar ôl iddi gael ei threisio y noson honno. Pythefnos, dwi'n meddwl, dyna i gyd. Dydw i ddim yn licio meddwl am y ffaith ei bod hi wedi mynd a dyna pam rydw i'n sôn amdani fel petai hi'n fyw o hyd.

Ugain mlynedd yn ôl, pan fu farw Nhad ar ôl cystudd hir a phoenus, cyfuniad o gancr a chalon wael, rydw i'n cofio Mam yn dweud—Wel, 'na fe, dw i'n rhydd o'r diwedd! Yn rhydd o orfod nyrsio Nhad roedd hi'n 'i feddwl, wrth gwrs, ond roedd hi'n falch o gael ei rhyddhau o briodas annymunol hefyd. Wnaeth hi ddim dweud cymaint. Ei synhwyro wnes i. Roeddwn i'n gwybod pan oeddwn i'n blentyn, hyd yn oed, nad oedd Nhad a Mam ddim yn licio'i gilydd. Roedden nhw'n ddigon gofalus i guddio'r atgasedd ac i beidio â ffraeo o fewn fy nghlyw—ond roedd e yno bob amser, yr atgasedd, yn yr awyr fel petai.

Y broblem gyda Mam oedd . . . yw, ei bod hi'n rhy weithgar am ei hoedran. Dyw hi ddim yn sylweddoli'i bod hi'n heneiddio—neu mae hi'n ei anwybyddu. Mae hi wedi cwympo ddwywaith ar ôl cael ei saith deg. Y tro cyntaf fe dorrodd ei braich, a'r ail dro, dim ond rhyw dair blynedd yn ôl, fe dorrodd ei hysgwydd chwith a chymerodd honno amser hir i wella.

—Rwyt ti'n mynd ma's gormod, byddaf yn dweud hyn wrthi o bryd i'w gilydd, byddi di'n cwympo, watsia!

Ond mae hi'n pallu gwrando.

—Mae rhywun yn gorfod mynd i weld yr hen bobol, meddai—yr hen bobol, a hithau'n saith deg naw!

—Ac mae rhywun yn gorfod mynd i nôl bara, meddai, wnei di ddim mynd am dy fod ti'n ofni'r plant.

Nid eu hofni nhw ydw i ond eu casáu nhw. Y cythreuliaid. Dydw i ddim wedi gallu gweithio ers ugain mlynedd ar ôl i mi gael damwain yn y dre. Fe ges i fy mwrw i lawr gan lorri a chracio asgwrn fy mhen a brifo fy nghefn a'm coesau. Byddaf yn gloff am byth. Mae'r plant yn y stryd 'ma'n meddwl fod hynny'n ddoniol dros ben. Ond mae Mam yn dweud fod y ddamwain wedi bod yn fendith mewn ffordd. Rydw i wedi cadw cwmni iddi hi, yn enwedig ar ôl i Nhad farw.

Er mwyn difyrru fy hunan ar hyd y blynyddoedd bûm yn ysgrifennu nofel wyddonias, neu ffuglen wyddonol neu stori hir am y dyfodol pell. Yn Gymraeg. Mae nofelau a storïau Cymraeg i gyd yn sôn am y capel. Mae eisiau rhywbeth mwy modern y dyddiau 'ma yn fy marn i. Rydw i wedi bod wrthi gyda'r nofel hon ers blynyddoedd ac mae hi wedi tyfu i fod yn faith iawn, chwe chan tudalen, ac roedd hi bron â bod yn barod i'w chyhoeddi. Soniais i'r un gair amdani wrth Mam. Gwaith cyfrinachol oedd e.

—Beth wyt ti'n neud lan llofft 'na drwy'r dydd? gofynnai Mam.

—Darllen am adar, meddwn i.

—Adar pluog gobeithio, meddai hi.

Fuasai hi ddim wedi deall fy nofel.

Roedd gan Mam lawer o ffrindiau yn y dre 'ma. Âi hi o gwmpas i'w gweld nhw bob dydd.

—Maen nhw'n unig, twel, rhai ohonyn nhw'n unig iawn.

Roedd Mam yn boblogaidd, cafodd hi dros gant o gardiau pen blwydd pan gafodd hi'i saith deg naw.

—Meddylia faint gei di flwyddyn nesa, meddwn i.

Ond roeddwn i wedi dechrau poeni amdani. Un noson, ychydig cyn iddi gael ei threisio, rhedodd llanc ar ôl hen fenyw yn y dre a dwyn ei *handbag* hi, a doedd hi ddim yn hwyr, doedd hi ddim hyd yn oed yn dywyll ar y pryd.

Mae gen i hobi arall ar wahân i'r adar a'r nofel. Sef darllen am lofruddiaethau, yn enwedig rhai heb eu datrys. Rydw i'n awdurdod, wel tipyn o awdurdod, ar hanes 'Jack the Ripper'. Rydw i'n gwybod popeth am Lizzie Borden hefyd, ac am achos Julia Wallace. Ac ar wahân i'r rhai sy'n ddirgelwch o hyd, rydw i'n licio darllen am bobl fel Christie a Brady a Hindley. Dwn i ddim pam, ond does dim byd mwy gafaelgar na stori am lofruddiaeth go-iawn. Mae arnaf ofn fy mod i'n deall meddwl y llofruddion weithiau. Cyn iddi gael ei threisio roedd Mam yn dechrau mynd ar fy nerfau. Roedd rhai o'i harferion a'i dywediadau wir wedi dechrau crafu ar fy nerfau. Ac o bryd i'w gilydd deuai lluniau i'm meddwl ohonof innau wedi lladd fy mam fy hun. Un noson ces hunllef a phan ddihunais doeddwn i ddim yn siŵr a oeddwn i wedi gwneud y weithred neu beidio. Er na allwn i frifo cleren fe ddechreuais ofni y byddwn yn gwneud rhywbeth i Mam heb sylweddoli, yn colli 'mhwyll mewn pwl o wallgofrwydd efallai. Felly penderfynais mai'r peth gorau i'w wneud fyddai ysgrifennu am y peth. Ysgrifennu stori neu nofel a charthu fy meddwl o'r syniadau brawychus yna. Felly dyma fi'n dechrau cadw dyddiadur ffug am ddyn sy'n cynllunio'n ofalus i ladd ei fam ac yn cadw nodiadau yn ei ddyddiadur.

Roeddwn i wedi ysgrifennu tua thrigain o dudalennau pan gafodd Mam ei threisio. Âi allan i weld Mrs Harris sy'n byw ar ei phen ei hun yn y stryd nesaf. Hen wraig weddw, llawn cricymalau a hanner dall yw hi ac mae ... roedd Mam yn arfer mynd i'w gweld hi bob yn ail wythnos. Âi allan fel arfer am bump o'r gloch—dyna wnaeth hi'r noson honno—a deuai'n ôl tua saith, weithiau yn hwyrach, ar ôl wyth dyweder. Roeddwn i'n meddwl fod rhywbeth wedi digwydd i Mrs Harris pan nad oedd Mam wedi dod 'nôl ar ôl naw o'r gloch y noson honno. Erbyn deg roeddwn i'n paratoi i ffonio'r heddlu. Ond daeth yr heddlu'u hunain am ddeg a dweud bod rhywun wedi ymosod ar Mam a'i gadael yn y lôn gefn. Daethai rhywun o hyd iddi tua naw o'r gloch ac aed â hi'n syth i'r ysbyty. Bu ond y dim i mi lewygu pan glywais.

Wnaeth hi ddim adennill ei hymwybyddiaeth yn llwyr ar ôl hynny—diolch i'r drefn. Dyna lle bu hi am bythefnos mewn clafgwsg. Allwn i ddim bod wedi'i hwynebu hi. Roedd y syniad o'i threisio'n ffiaidd, ffiaidd i mi. Roeddwn i'n falch na chawsai gyfle i feddwl am y peth. Ond yna daeth lluniau ofnadwy i'm pen ohoni'n ymwybodol ac yn wynebu ei hymosodydd ac yn gwybod, yn sylweddoli beth oedd yn digwydd iddi. Cefais hunllef ar ôl hunllef wrth feddwl am y peth a dechrau breuddwydio mai fi oedd y treisiwr! Felly er mwyn gweithio'r syniad hwn allan o'm cyfansoddiad fe'i cynhwysais yn fy nofel, yn fy nyddiadur ffug am y llofrudd hwnnw.

Yna aeth pethau'n waeth. Roedd yr heddlu'n amau mai fi oedd wedi treisio fy mam yn y lôn! Bu'n rhaid i mi fynd i orsaf yr heddlu ac ateb cannoedd o gwestiynau, drosodd a throsodd yr un hen gwestiynau. Ble'r oeddwn i'r noson honno? Yn y tŷ ar fy mhen fy hun yn gwylio'r teledu. A allwn i brofi hynny? Na allwn. Roeddwn i'n cofio beth oedd ar y teledu ond ddim yn fanwl iawn. Yna aeth yr heddlu i mewn i'r tŷ i'w chwilio. Ac wrth gwrs daethon nhw o hyd i'm holl lyfrau am lofruddiaethau enwog —a'r ffug-ddyddiadur. A phan gafodd hwn 'na'i gyfieithu roedd pethau'n edrych yn ddu iawn arnaf.

Fel mae'n digwydd roedd un o'r heddweision yn gymydog ac yn gydnabod i mi (ond roedd Mam yn ei nabod yn well fel roedd hi'n nabod pawb yn yr ardal a phawb yn ei nabod hi).

—Drychwch, meddwn i wrtho, nid fi laddodd hi ond dw i'n ofni 'u bod nhw'n mynd i 'meio i!

—Peidiwch â becso gormod, meddai fe, maen nhw'n gwneud profion gwyddonol nawr ac os ŷch chi'n ddieuog fydd dim rhaid i chi boeni.

Ond fel y dysgais fisoedd yn ddiweddarach ddangosodd y profion gwyddonol affliw o ddim. Roedd y treisiwr wedi gwisgo condom, fe ymddengys!

Bûm i o dan amheuaeth am wythnosau, a chefais lawer o drafferth i'w hargyhoeddi nhw mai ffuglen oedd y dyddiadur, dim byd ond ffrwyth fy nychymyg. Felly dangosais fy nofel arall iddyn nhw, y nofel wyddonias, i geisio dangos fy mod i'n ysgrifennu pethau 'celwyddog' eraill.

Yna daeth rhywun ymlaen i ddweud ei fod e wedi gweld llanc ifanc yn rhedeg lawr y lôn y noson honno. Ac fel y dysgais wedyn eto roedd y ffaith fy mod i'n gloff ac yn dioddef o boenau yn fy nghefn a bron byth yn mynd ma's—fel y tystiodd y cymdogion—roedd y pethau hyn i gyd o'm plaid i. Roedd fy nghloffni wedi profi'n fendith yn wir fel roedd Mam yn arfer dweud.

Fe chwysais, do fe chwysais ond ces fy rhyddhau. Dim digon o dystiolaeth yn f'erbyn. Ac fe ollyngais ochenaid o ryddhad. Roedd e'n gyfnod ofnadwy.

Nawr rydw i'n gorfod mynd ma's yn amlach—i'r siopau. Rydw i'n gwybod yn iawn fod rhai o'r cymdogion yn meddwl taw fi wnaeth e. Ac mae'r plant yn gweiddi pethau eraill nawr. Nid fy nghloffni yw testun eu gwawd bellach. Ac mae'r hyn y mae'r plant yn ei weiddi'n siŵr o fod yn adlewyrchiad o'r hyn y mae eu rhieni'n ei feddwl.

Ta beth, rydw i'n rhydd. Ac mae 'na fwystfil sy'n treisio hen fenywod yntau'n rhydd. Pwy yw e ys gwn i? Rydw i'n drwgdybio pob llanc yn yr ardal. Maen nhw i gyd yn wyllt.

Nawr rydw i'n gorfod ymgyfarwyddo â bywyd ar fy mhen fy hun. A rhaid i mi gyfaddef nad yw'n hollol annymunol chwaith. Caf wylio unrhyw raglen ar y teledu a phrynu unrhyw gylchgrawn. Ac rydw i'n benthyg ffilmiau o'r siop fideo leol. Mae'r heddlu wedi cadw fy nofelau ac rydw i'n ofni gofyn amdanyn nhw. Felly wna i byth gyhoeddi'r nofel wyddonias yna. A does dim diben i'r dyddiadur ffug nawr gan fod Mam wedi mynd a'r teimladau atgas yr oeddwn i'n treio cael gwared â nhw gyda hi.

Mae diddordebau newydd gyda fi nawr. Prynais sbienddrych i wylio'r adar yn yr ardd.

Un diwrnod roeddwn i'n edrych drwy'r ffenest ar ddau aderyn bach ond aethon nhw draw i ardd gefn un o'r tai yn y stryd nesaf. Tŷ John a Mair Vaughan, a dyna lle'r oedd eu merch, Lynfa, yn torheulo ar ei chefn ar y lawnt yn gwisgo'r nesa peth i ddim. Dim ond deuddeg yw hi ond mae hi'n fenyw ifanc yn barod.

CYFANSODDIADAU A BEIRNIADAETHAU

Eisteddodd Arianwen Lewis-Parry, yr awdures enwog[1] yn ei chadair esmwyth yn ei chell, tebot a chwpan tseina ar y ford fechan wrth ei hochr a phlât o frechdanau samwn ar ei gliniau wedi'u torri'n drionglau mân a'r crystiau wedi'u torri i ffwrdd— ac roedd hi wedi cnoi darn bach allan o un o'r trionglau i'w flasu. Roedd hi wedi cau'r llenni a'r unig olau yn y stafell oedd y lamp fawr dal y tu ôl i'w chadair. Roedd hi'n gyfforddus ac yn barod i eistedd fel hyn am y noson i ddarllen yr wyth stori fer a anfonwyd ati i'w beirniadu ar gyfer yr Eisteddfod. Roedd ei hysgrifbin a'i phapur yn barod ar y ford hefyd. Bwriadai ysgrifennu nodiadau ar gyfer ei sylwadau ar rai o'r cyfansoddiadau 'wrth fynd heibio' fel petai. Cymerai'r gorchwyl o ddifri.[2]

Wedi'r cyfan, meddai hi wrthi hi ei hun, mae'n ddyletswydd arnom ni lenorion profiadol gyfarwyddo a chynghori'r to ifanc er mwyn inni godi safonau a chadw'r hen werthoedd traddodiadol.

Byddai Arianwen Lewis-Parry yn siarad â hi'i hun fel hyn yn aml oherwydd bu'n byw ar ei phen ei hun er marwolaeth ei thad bum mlynedd yn ôl.

A gweud y gwir, teimlai'n euog yn eistedd lawr i ddarllen yn lle bod yn gweithio ar ei nofel newydd[3] a hithau 'ym merw'r creu', ys dywedai. Gweithiai mewn banc yn ystod y dydd, felly ei hunig gyfle i lenydda oedd rhwng pump o'r gloch (ar ôl dod 'nôl o'r dre a bwydo'r gath) a naw o'r gloch yn y nos cyn paratoi i 'fynd i gadw'.

Buasai'r cyfansoddiadau'n casglu llwch yn ei chell ers misoedd bellach a hithau wedi rhoi blaenoriaeth i'w gwaith ei hun—yn naturiol. Yn awr roedd dyddiad yr Eisteddfod yn prysur agosáu. Mater o raid oedd hi bellach felly.

Ar ôl iddi fwyta un o'r trionglau bach a dechrau ar un arall arllwysodd ychydig o de i'r cwpan a chymryd llwnc ohono. Yna fe gododd y cyfansoddiad cyntaf gyda thipyn o chwilfrydedd.

Llithrwr yn y Cachu oedd y ffugenw.

Dyna beth twp i'w wneud, meddyliodd Arianwen, camddefnyddio traddodiad doeth yr Eisteddfod sy'n rhoi cyfle i bawb gael beirniadaeth deg a gwrthrychol. Ar ben hynny roedd y papur braidd yn frwnt ac nid oedd y cyfansoddiad wedi'i deipio'n lân nac yn daclus; nid oedd y cyfansoddiad wedi'i deipio o gwbl eithr wedi'i ysgrifennu a hynny yn eithaf blêr hefyd.

Bydd gen i rwbeth i'w ddweud am hynny yn fy sylwadau, meddyliodd Arianwen.

Teitl y stori oedd 'Yr Iach a Gach' a dyma hi'n dechrau'i darllen—

Mae'r llysnafedd gwyrdd yn rhedeg lawr fy nhrwyn ac mae 'da fi hangover ar ôl neithiwr. Dw i'n teimlo fel tawlu i fyny ond dw i ddim yn moyn symud. Moyn cofio dw i am neithiwr. Tybed a wnes i gael ffyc gyda'r ferch 'na neu beidio? O, uffern. O, ffyc. Dw i wedi tawlu i fyny dros y gwely i gyd. Dw i'n teimlo fel tawlu i fyny eto ond does dim byd yn fy stumog. Dw i moyn ffag. O Iesu dw i moyn ffag ond dw i'n teimlo'n rhy dost i symud . . .

—Caiff honna fynd i'r trydydd dosbarth yn syth, meddai Arianwen, gan luchio'r tri thudalen gwelw o'r neilltu. Cymerodd ddracht o de ac yna, cyn dechrau darllen y stori nesaf, ysgrifennodd nodyn ar y papur—

Mae iaith *Llithrwr yn y Cachu* yn dra bratiog, nid oes ganddo fawr o barch at gywirdeb gramadeg o gwbl. Nid yw'r ymdrech yn deilwng o'r gystadleuaeth arbennig hon.

Dros y blynyddoedd roedd Arianwen wedi bod yn drwm ei llach ar gystadleuwyr di-glem fel hwn. Fe'i dysgwyd yn yr ysgol ac yn y Brifysgol[4] i barchu iaith ac estheteg.

Ar ôl llwnc arall o de a brechdan arall roedd hi'n barod i ddechrau'r stori nesaf a ddechreuai fel hyn—

Wrth i Gerallt Samuel ddeffro un bore bach o freuddwydion anesmwyth fe'i cafodd ei hun wedi'i drawsffurfio'n gawr o bryfetyn yn ei wely. Yr oedd yn gorwedd ar ei gefn caled, fel pe bai'n arf-blatiog, a phan gododd ei ben ychydig gallai weld ei fol gwinau fel cromen wedi'i rhannu'n adrannau archog anystwyth ac ar wyneb honno o'r braidd y gallai cwrlid y gwely gadw'i le ac roedd e ar lithro ymaith yn gyfan gwbl. Ysgydwai'i goesau niferus a oedd yn druenus o denau o'u cymharu â gweddill swmp ei gorff, yn ddiymadferth o flaen ei lygaid . . .

Gwelai Arianwen fod nifer go fawr o dudalennau i'r stori hon, yn wir roedd hi bron â bod yn nofel fer, bron mor hir os nad yn hwy o dipyn na'i nofel fer ei hun *Lleiandy Llan Llwyd*. Ond credai fod y brawddegau agoriadol hyn yn ddigon gwirion i gyfiawnhau bwrw golwg sgleintiog yn unig dros ei gweddill. Ac felly y bu. Roedd hi'n anodd meddwl am rywbeth i'w ddweud am bethau fel hyn. Doedd hi ddim eisiau brifo teimladau cystadleuwyr gobeithiol ar ôl iddynt fynd i'r holl drafferth o deipio'u gwaith yn ofalus (o leiaf roedd hwn wedi cyflwyno'r gwaith yn ddigon cymen) ond yn wir roedd peth fel hyn yn anobeithiol. Ar ôl beirniadu cymaint, meddyliodd Arianwen, mae rhywun yn dod i adnabod dawn y gwir lenor yn reddfol. Doedd dim byd arall amdani ond bod yn hollol ddiffuant ac ysgrifennu:

Nid yw *Jac-y-Do* wedi llwyr feistroli'i gyfrwng ac mae gormod o anhygoeledd yma. O fewn terfynau'r stori fer nid oes digon o le i fynd i'r afael â phynciau astrus, anodd eu hamgyffred.

Ymhelaethai ar y nodyn hwn wrth gwrs cyn ei gyhoeddi yn y *Cyfansoddiadau*. Rhaid iddi gofio dweud rhywbeth am ddiffyg datblygiad a diffyg unoliaeth y stori hon. Ond rhaid iddi nodi rhai o'r rhinweddau hefyd; wedi'r cyfan, roedd gan yr awdur ddawn i greu awyrgylch.

Ac felly ymlaen â hi at y stori nesaf. *Noa* oedd ffugenw'r awdur ac enw ei stori oedd 'Yr Arch'. Arllwysodd Arianwen ragor o de i'w chwpan a chael llwnc ohono a chael brechdan arall cyn i'w llygaid weld y frawddeg agoriadol—

Gwaith swnllyd i'w wneud mewn rhes o efeilldai yn oriau mân y bore yw adeiladu arch fel arch Noa . . .

Erbyn hyn roedd ei llygaid yn dechrau blino a'i hamrannau'n dechrau cosi. Ar ben hynny roedd ei meddwl yn dechrau crwydro. Dim ond un triongl gwyn ar ôl—cadwai hwnnw tan yn nes ymlaen. Ond roedd y te wedi mynd yn llugoer—fel ei diddordeb yn stori *Noa*. Penderfynodd yr âi lawr i'r gegin i ferwi'r tegell a gwneud rhagor o de twym. Roedd y gath yn eistedd yn y gegin a chlywodd Arianwen hi'n rhechu.

—Rhag dy gywilydd, Blodeuwedd, meddai Arianwen.

Nid â hi'i hun y byddai Arianwen yn siarad bob amser—siaradai â'r gath weithiau.

Brysiodd Arianwen yn ôl i'w chell gyda'r te poeth, a gwnaethai ychwaneg o frechdanau—trionglau digrystyn yn cynnwys ciwcymber y tro hwn.

Darllenodd 'Yr Arch' yn frysiog ac ysgrifennodd nodyn arni—

Stori arswyd ysgafn. Sothach? Nid yw'n argyhoeddi. Diweddglo gwan.

Ar hynny fe ganodd y ffôn.

—Hylô? meddai Arianwen.

—Hylô. Eurgain Powys-Probert[5] sy' 'ma.

—O, Eurgain, sut ŷch chi?

—Wel, a dweud y gwir dw i wedi blino. Dw i'n

treio darllen y cyfansoddiadau ar gyfer cystadleuaeth y nofel—dim ond tair sydd wedi dod i law eleni, ac maen nhw'n uffernol o wael.

—Wel, dyna beth rhyfedd, ontefe, rwy wedi bod yn darllen y storïau byrion heno hefyd.

—O's 'na rywbeth o werth?

—Dw i ddim wedi'u darllen nhw i gyd eto, ond does dim fflach ynddyn nhw hyd y gwela i.

—Mae'r nofelau hyn i gyd yn ymwneud ag ysgariad ac alcoholiaeth, AIDS, problemau priodasol a thrais ond heb wneud fawr mwy na chrafu'r wyneb. Maen nhw'n ddiflas iawn. Dim byd gwreiddiol 'ma o gwbl.

—Ac mae'r iaith yn arswydus, a rhai ohonyn nhw'n amlwg wedi cu cyfieithu'n feddyliol. Mae'n codi'r dincod arna i—dim priod-ddulliau, dim tafodiaith. Yr un hen gwynion sydd gen i. Yr un hen wendidau sy'n eu hamlygu eu hunain bob blwyddyn a neb yn cymryd iot o sylw ohonon ni'r beirniaid.

Ac felly y buon nhw am yr hanner awr nesaf yn rhoi'r byd llenyddol yn ei le ac yn trafod y gorchwyl annymunol a oedd yn eu hwynebu fel beirniaid Eisteddfodol—wedyn cawsant ymgom fwy cyffredinol. Roedd y ddwy yn nabod ei gilydd yn dda iawn, wedi bod yn gydfeirniaid yn yr Eisteddfod sawl gwaith. Roeddynt yn gymdogion hefyd, bron. Doedd neb o fewn milltiroedd i'r naill na'r llall ohonynt â gwir ddiddordeb mewn llenyddiaeth, felly byddent yn ffonio'i gilydd fel hyn o dro i dro er mwyn hybu a chalonogi'i gilydd.

Ar ôl i Arianwen roi'r ffôn i lawr roedd y tŷ yn dawel unwaith eto—ar wahân i sŵn Blodeuwedd, a oedd wedi dod i'r gell erbyn hyn i orwedd ar bentwr o gyfansoddiadau'r trydydd dosbarth lle'r oedd hi'n chwyrnu a rhechu yn awr ac eilwaith. Teimlai Arianwen yn eithriadol o drist. Doedd dim byd arall amdani ond bwyta'r brechdanau a darllen stori arall.

Ni hoffai ffugenw'r cystadleuydd i ddechrau sef *Yr Ysbryd Glân*, ond cafodd ei theimladau crefyddol eu sigo a'u sarhau pan welodd y frawddeg agoriadol i'r stori 'Yr Ailddyfodiad'—

Fe sylweddolais mai Iesu Grist ydw i pan welais fy hunan yn y drych.

Diolch i'r drefn, dim ond stori fer-fer oedd hon ac ni chymerai amser i'w darllen. A'r dyfarniad:

Nid yw'r *Ysbryd Glân* yn gwybod dim am grefft y stori fer ac mae arnaf ofn nad stori fer mo hon o gwbl. Ni ŵyr *Yr Ysbryd Glân* sut i greu deialog byw. Ar wahân i hynny does dim unoliaeth yma eithr gwibia'r awdur o'r naill beth i'r llall fel pilipala. Gwaith cableddus nad yw'n deilwng o gael ei anfon i gystadleuaeth yn yr Eisteddfod Genedlaethol.

Weithiau rhyfeddai Arianwen ei bod hi'n dal i dderbyn y gwahoddiad i feirniadu flwyddyn ar ôl blwyddyn. Roedd y rhan fwyaf o'r cyfansoddiadau yn sothach. Pam yn y byd oedd hi'n dal i gytuno i feirniadu? Ni wyddai. Onid oedd hi'n ceisio torri record Alwyn Bowen-Evans[6] o fod wedi beirniadu'r un gystadleuaeth ugain o weithiau?

Cododd Arianwen i fynd at ei desg. Agorodd un o'r drariau. Yno y cadwai'i siocledi. Roedd 'na far bach ar ôl. Rhwygodd y papur ariannaidd i ffwrdd a stwffiodd hanner y bar i'w phen.

Ar wahân i'r gwaith diflas, di-ben-draw o ddarllen y pethau hyn byddai'n rhaid iddi grafu'i phen i ddod o hyd i rywbeth neis i'w ychwanegu at y gwirioneddau caled.

Mae'n anodd, meddyliodd, disgrifio sut y mae dyn yn adnabod gwaith y gwir lenor. Greddf yw hi.

Edrychodd ar y stori nesaf 'Y Ddaear' gan Penelope a dechrau darllen—

Ie oherwydd wnaeth e ddim byd felna or blaen fel gofyn i gael ei frecwast yn ei wely gyda dau wy ers y tro na yng ngwesty Tafarn y Ddinas pan gymerai arno fod yn dost gyda i lais yn gwneud ei orau glas i fod yn ddiddorol ir hen sguthan ...

Taflodd Arianwen y papur ar bentwr y trydydd dosbarth (rhedodd Blodeuwedd am ei bywyd—neu fel cath i gythraul yn llythrennol). Aethai'r cyfan i'r dosbarth hwnnw o'r dechrau.

Dim atalnodi, dim brawddegau synhwyrol, dim paragraff. Mae'n tanseilio holl hanfodion ysgrifennu da.

Roedd Arianwen yn dechrau anobeithio. Ni theimlai fel ysgrifennu mwy am y stori honno. Yn hytrach âi ymlaen yn ddi-oed i ddechrau darllen y stori nesaf, sef 'Dinas y Noson Goch' gan *Bill*. Roedd hi'n ddeg o'r gloch pan ddarllenodd y geiriau cyntaf—

Cyflwynir y llyfr hwn i'r Henuriaid, i Arglwydd y Ffieiddbethau, Hwmwawa, wyneb yr hwn sydd yn dalp o ymysgaroedd, anadl yr hwn sydd yn drewi fel tail a pherarogl Angau . . .

Am chwarter i un ar ddeg ysgrifennodd Arianwen y nodiadau cwta hyn—

Aflednais. Anfoesol. Dim unoliaeth o gwbl. Hollol annealladwy. Dychymyg ar chwâl. Episodig. Dim digon o gyfanwaith i fod yn stori fer.

Ac ar bentwr y trydydd dosbarth yr aeth hon'na hefyd gyda'r lleill.

Ysai Arianwen am fynd i weithio ar ei nofel ei hun. Ond fe'i hatgoffai'i hun mai dim ond dwy stori arall oedd ganddi ar ôl i'w darllen ac wedyn byddai'n rhydd (bron) o grafangau dyletswydd.

Dyma hi'n dechrau darllen 'Dewisach Einioes' gan *Catrin* felly—

Yr oedd llygaid y dyn gyferbyn â hi'n disgleirio wrth ddweud, 'Rydw i wedi darllen ych llyfr chi Ffoi *gannoedd o weithiau erbyn hyn . . .*

O'r diwedd, meddyliodd Arianwen, dyna fe, llais y gwir lenor. Cymraeg cyfoethog ac ystwyth. Cynllun synhwyrol i'r stori, adlewyrchiad caboledig o fywyd go-iawn. Ac eto, er gwaetha'r holl ffresni a'r gwreiddioldeb onid oedd yna ryw dinc cyfarwydd hefyd? I bwy roedd hi'n debyg? Onid oedd hi'n dwyn i gof Kate Roberts? Nac oedd, nid dyna pwy oedd hi a theimlai Arianwen yn sicr y buasai hi'n adnabod llên-ladrad yn reddfol. Eto i gyd roedd yr arddull yn debyg i eiddo rhywun. Yna, daeth yr ateb iddi mewn fflach—neb llai nag Eirwen Morris-Pritchard.[7] Dyna pwy oedd *Catrin* heb os nac oni bai. Yn wir yn y deipysgrif roedd ambell enghraifft o lawysgrifen yr awdures lle'r oedd hi wedi cywiro ambell frawddeg ac roedd Arianwen yn gyfarwydd iawn ag ysgrifen Eirwen, cawsai lythyrau oddi wrthi. Aeth Arianwen at ei desg eto, i'r drâr lle y cedwid ei llythyrau ac ar ôl iddi dwrio am dipyn daeth o hyd i un oddi wrth Eirwen. Ar ôl iddi gymharu'r llythyr â'r geiriau ysgrifenedig ar y deipysgrif doedd ganddi ddim amheuaeth.

Ond châi Eirwen Morris-Pritchard yr un wobr ganddi hi, Arianwen Lewis-Parry. Pam yn y byd y dylai hi roi hwb i yrfa lenyddol un a dynnai dorch â hi yn y cwch gwenyn llenyddol? Beth bynnag, lle i egin lenorion gael bwrw eu prentisiaeth oedd Eisteddfod ac nid lle i lenorion a oedd wedi ennill eu plwyf yn barod. (Serch hynny, yn nirgel ddyn ei chalon ni allai Arianwen wrthsefyll teimlad o falchder a oedd yn chwyddo dan ei bron wrth feddwl am y fath lenor yn cystadlu dan ei beirniadaeth hi.) Prysurodd i ysgrifennu—

Dyma lenor gorau'r gystadleuaeth heb os. Creadigaeth newydd a ffres fel holl weithiau'r awdur dawnus hwn. Serch hynny, mae'r stori hon braidd yn wan heb fawr o amrywiaeth yn ei hadeiladwaith.

Ac o'r diwedd gallai ddarllen y stori olaf. Wedyn câi'i sieri arferol a mynd i'r gwely.

'Y Cyfieithydd' oedd enw'r stori a ffugenw'r awdur oedd *Gwydion*. Roedd Arianwen yn barod i ymroi i ganolbwyntio arni am hanner awr—

Mor eang yw neuaddau Llenyddiaeth, mor amrywiol ei phalasau; diderfyn ei phosibiliadau; ei hyblygrwydd yn dragwyddol. Pan agorais y llawysgrifau hyn, yr hen hen lawysgrifau hyn gyda'u lluniau lliwgar ac euraidd yn fflachio wrth i mi droi'r tudalennau memrwn nid oeddwn yn barod—ni allwn rag-weld yr holl gyfoeth a swyn a oedd yn f'aros. Dim ond gorchwyl, gwaith cyffredin beunyddiol oedd cyfieithu cyn i mi ddarllen y rholiau hyn. Nid wyf yn siŵr bellach a oes modd cyfieithu mewn gwirionedd. Nid yw fy nghyfieithiad yn ddim byd ond disgrifiad gwan a gwelw o'r geiriau gwreiddiol mewn geiriau eraill mewn iaith arall, er i mi roi fy ngorau i'r gwaith dros gyfnod o naw mlynedd—degawd bron. Fel hyn y mae'r llyfr cyntaf yn dechrau—

'Y fi yw Mictlantecihuatl. Y bardd. Offeiriad Ometecuhtli y Creawdwr. Y fi yw trulliad Chalchihuitlicue, duwies y dŵr a chymar Tlaloc duw'r glaw. Cyfarchaf Ehecatl Arglwydd y gwynt-

oedd. Galwaf ar Uetlatoani i ddyfod i deml Xolotl a Quetzalcoatl yn Tenochtitlan er mwyn . . .

Ond erbyn hyn roedd Arianwen yn rhy flinedig i ddarllen ac roedd hi wedi colli'i hamynedd ar ôl iddi weld yr holl enwau estron yna.

Does dim lle i drafod crefft cyfieithu mewn stori fer hir, meddyliodd. Fe ohiriai ysgrifennu'r sylwadau tan nos yfory. Beth bynnag roedd hi eisoes wedi penderfynu atal y wobr.

――――

Nodiadau

[1] Enillasai'i nofelau byrion *Lleiandy Llan Llwyd* a *Mor Fud Yw Muriau'r Mieri* wobr goffa Ledi Eiry Ellis-Edwards ill dwy. Ond ar wahân i'r rhain roedd hi'n awdures pedair nofel arall sef—*Ceinaf Amser, Y Ddeilen Hon, Hunangofiant Joanna Southcott* a *Seren Bren*.

[2] Beirniadasai'r stori fer wyth gwaith o'r blaen.

[3] Roedd ei nofel newydd fel pob un o'r nofelau blaenorol yn hanesyddol. Stori oedd hi y tro hwn am fam-yng-nghyfraith Llywarch Hen a hithau, fel mae'n digwydd, yn wyres i Fuddug.

Fel y gwyddys, canmolir Arianwen Lewis-Parry yn yr *Atodiad 1 Lenyddiaeth Cymru* am yr ymchwil fanwl a chywir sydd yn gefndir ac yn sail i'w ffuglen bob amser.

[4] Yn yr ysgol daeth Arianwen Lewis-Parry dan ysbrydoliaeth ei hathrawes Gymraeg eneiniedig, Miss Parffit. Wedyn aeth yn syth i Brifysgol Cymru lle graddiodd gydag Anrhydedd mewn Saesneg. Penderfynodd aros yn ei thre enedigol ar ôl i'w gyrfa fel athrawes fod yn fethiant. Aeth i weithio yn y banc. —Fel hyn, meddai mewn cyfweliad yn y cylchgrawn (darfodedig) *Y Negesydd*, —gallaf fod yn agos at fy rhieni a'm gwreiddiau.

[5] Eurgain Powys-Probert. Nofelyddes. Awdures—*Dagrau yn y Gwynt, Cysgodion yn y Nos, Golau yn yr Haul, Mona* (cyfrol o storïau byrion i blant), *Paent Gwyrdd* (ar ffurf dyddiadur, wedi'i seilio ar ei phrofiadau'i hun mewn carchar am ei gwrthdystiadau dros yr iaith a

hawliau anifeiliaid) a *Digon yw Digon*. Daeth Eurgain Powys-Probert â phynciau'r byd modern megis ysgariad, alcoholiaeth, Lesbiaeth i'r nofel yn y Gymraeg. Mae hi'n briod â Daniel Vaughan, yr actor a'r darlledwr adnabyddus.

[6] Alwyn Bowen Evans. Enillodd yntau wobr goffa Ledi Eiry Ellis-Edwards yn gynnar yn ei yrfa gyda'i gyfrol o storïau byrion hanesyddol *Pan Oera'r Eira*. Beirniad ac ysgolhaig.

[7] Eirwen Morris-Pritchard. Enillodd hithau'r wobr goffa am ei nofel a addaswyd yn gyfres deledu *Misoedd o Fyllni*.

WEDI BOD YM MLODAU'N DYDDIAU

Roedd Morfudd yn caru Iesu Grist ac yn ei ffordd roedd Iesu Grist yn ei charu hithau. Deuai i eistedd ar ei hysgwydd gyda'r nos ar ôl iddi ddod yn ôl o grwydro'r strydoedd yn y glaw. Byddai'i chorff i gyd yn oer iawn, iawn a gallai Iesu deimlo hynny ond wyddai e ddim am y talp o rew a orweddai ar ei chalon ac a lethai'i hysbryd. Ni allai Iesu Grist rannu'i chyfrinach. Yfai Morfudd ddiodydd cadarn yn yr ymgais i gynhesu'r oerni mewnol hwn. Cynhesai'r ddiod ei chorff ar ôl iddi ddod i mewn i'r hen adeilad o'r glaw gaeafol, a chynhesai Iesu Grist ei dwylo—gafaelai Morfudd ynddo a'i dynnu i lawr oddi ar ei hysgwydd a'i ddal rhwng ei dwylo, ond arhosai'i chnewyllyn yn oer o hyd.

Âi Morfudd o gwmpas y strydoedd liw dydd, yn ei charpiau, ei dillad brwnt, ei gwallt yn flêr a lleuog. Dan ei gwynt canai gân a ddysgasai pan oedd hi'n blentyn—

> Cawn ei air i buro'r galon
>   Ym more oes
> A chysegru pob gobeithion
>   Ym more oes . . .

ond doedd hi ddim yn cofio'r geiriau i gyd felly canai'r llinellau hyn drosodd a throsodd a phe deuai rhywun yn ddigon agos ati gan anwybyddu'r gwynt afiach a'r drewdod sur a'i hamgylchynai fe glywai'r

'Ym more oes' yn taro'n gyson fel gordd. Roedd ei mam wedi pwnio'r geiriau i'w phen a'i dysgu i bwysleisio'r llinell hon. Gorfodai hi i sefyll ar gadair yn y parlwr i adrodd yr emyn bach ar ei chof a phe na phwysleisiai'r 'Ym more oes' ddigon rhoddai'i mam glatsien iddi dros gefnau'i choesau bach noeth. Yna fe adroddodd Morfudd yr emyn yn y festri'n berffaith bob gair a chafodd dystysgrif oddi wrth y Capel a llun crwn arni yn dangos aderyn yn hedfan i lawr drwy belydrau o oleuni tuag at lyfr agored, ei big yn anelu am ganol y tudalen, a'r geiriau—'Goleuni y Bywyd' o dan y llyfr.

Wrth iddi ganu'r emyn yn awr yn ei henaint deuai meddyliau eraill am y Capel a'i phlentyndod yn ôl iddi. Yn y festri hongiai hen gortyn uwchben y man lle safai'r pregethwr. Cortyn a ddefnyddiwyd rywbryd, mae'n debyg, i glymu rhywbeth wrth y trawst y glynai'r cortyn wrtho o hyd. Bob tro y codai'r pregethwr ei fys i gyfeirio at y Nef neu i sôn am Dduw neu Iesu Grist neu'r Ysbryd Glân fe bwyntiai at yr hen linyn hwn. Fel hyn y daeth yr hen gortyn i gynrychioli Duw ym meddwl plentynnaidd Morfudd gystal neu'n well nag unrhyw eicon neu eilun. Ac roedd ffurf ddynol i'r cortyn, edau ohono yn llunio breichiau a choesau a'r cwlwm yn gwneud y pen. Ond doedd neb arall, hyd y gwyddai, yn ymwybodol o'r hen gortyn. Ac roedd yna graciau yn y nenfwd ac ym muriau'r hen gapel ac nid oedd neb ond Mofudd yn ymwybodol o'r rheini chwaith. Iddi hi roedd y craciau hyn yn debyg i'r crychau yn hen wyneb Duw fel yr oedd hi yn ei dychymyg yn ei weld e ac yn ei ddarlunio yn ystod pregethau hirwyntog ar ddarnau o bapur a gâi gan ei mam.

Codwyd y Capel tua chanrif a hanner yn ôl ond Morfudd oedd yr unig un a'i mynychai o hyd—yn wir, yr hen gapel oedd ei chartref bellach—a chartref Iesu Grist, wrth gwrs. Ond roedd yr hen gortyn yno o hyd. Ac roedd y craciau wedi gwaethygu—fel petai Duw yn gwenu arni'n fileinig. Ac roedd twll enfawr wedi agor yn y to a deuai'r glaw i mewn fel pistyll gan lifo dros y meinciau. Roedd y meinciau lle'r arferai Morfudd a'i mam eistedd wedi pydru ac wedi mynd yn ddu dan leithder oherwydd bod y twll reit uwchben y meinciau hyn a arferai fod yn bren caboledig. Roedd y dŵr wedi llifo fel nant fechan drwy'r seddau eraill lle'r arferai'r teulu Nicholas eistedd, a lle Miss John a Mairwen, nes i'r dŵr gyrraedd y sêt fawr. Ond roedd y sêt fawr yn weddol saff o'r llif gan ei bod yn uwch na'r meinciau eraill, y meinciau cyffredin.

Aeth Morfudd i mewn i'r sêt fawr ac er nad oedd neb arall yn y Capel teimlai'n euog. Cofiai'r tro hwnnw pan oedd hi'n blentyn a'i mam a Miss John yn paratoi'r bara a'r gwin yn y prynhawn ar gyfer cymundeb y noson honno. Roedd pawb arall wedi mynd tua thre ar ôl Ysgol Sul. Ar ôl iddynt drefnu'r pethau ar y ford yn y sêt fawr, y bara ar y plât arian a'r gwin yn y gwydrau bach bach, aeth ei mam a Miss John i'r gegin fechan yng nghefn y festri i olchi'u dwylo a'i gadael hi, Morfudd, ar ei phen ei hun yn y Capel. Roedd y demtasiwn yn ormod iddi ac aeth i mewn i'r sêt fawr. Eisteddodd yn gyntaf yn lle Llywelyn Lloyd gan edrych lan ar y pulpud a meddwl sut yn y byd roedd Mr Lloyd (ac yntau'n gorfod gwisgo'r sbectols yna gyda'r gwydrau glas) yn gallu gweld y pregethwr o'r sêt honno. Symudodd i eistedd yn lle Mr Prosser; roedd hwnnw'n ddyn digon tal ac eisteddai'n gefnsyth bob amser fel petasai wedi llyncu procer. Mwy na thebyg y gallai Mr Prosser weld y pregethwr yn iawn ond dyna i gyd y gallai hi'i weld oedd pibau mawr addurniedig yr organ. Cofiai'i syndod wrth weld mor fawr a gwag oedd y sêt fawr o'i chymharu â'r lle bach cul a chartrefol lle'r arferai hi a'i mam eistedd. Ond roedd carped yn y sêt fawr y pryd hynny, dim ond *oilcloth* oedd ar y llawr yn eu sêt nhw, gyda silff fechan i ddal y llyfrau emynau a darn bach crwn o fetel i ddal gwydrau'r Cymundeb—ond doedd dim byd o'ch blaen chi yn y sêt fawr ond y ford a ymddangosai fel petai'n bell i ffwrdd. Ac yna gwelodd Morfudd y gwin a'r bara ac unwaith eto roedd y demtasiwn yn drech na hi. Cymerodd un sgwâr o fara a'i wthio i'w cheg fel y gwnâi'r bobl mewn oed yn y Cymundeb. A chafodd ei siomi, doedd dim blas arbennig iddo o gwbl, dim ond blas bara gwyn cyffredin—heb fenyn hyd yn oed. Ond roedd hi wedi erfyn ar ei mam gymaint o weithiau i gael blasu diferyn o'r gwin o'i gwydr bach, edrychai mor debyg i *Ribina* ac roedd y gwydrau bychain mor bert, a phob tro roedd ei mam wedi'i gwrthod; châi hi ddim hyd yn oed y diferyn oedd ar ôl ar waelod y gwydr wedi'r gwasanaeth. Ond y tro hwnnw, a'r gwydrau i gyd yn llawn ac wedi'u gosod yn dwt yn y pethau ariannaidd yna oedd yn eu dal i gyd—dyna'i chyfle. Cymerodd wydryn bach o'r gwaelod, o'r haen isaf, a llyncu'i gynnwys ar ei phen a gwagio'r gwydryn ag un dracht. Ond doedd ei flas ddim byd tebyg i *Ribina*, roedd e'n ych-a-fi. Ar hynny daeth ei mam a Miss John i'r Capel yn ôl o'r festri. Aeth Miss John yn gacwn wyllt a bu bron iddi gael gwasgfa, ac aeth ei mam yn grac hefyd a rhoi cosfa iawn iddi a chafodd hi byth anghofio'r digwyddiad wedyn. Bob tro'r âi ar gyfyl y sêt fawr wedi hynny dywedai'i mam—Paid â mynd mewn neu gei di glatsien!

Ond yn awr beth oedd y gwahaniaeth os âi hi i mewn i'r sêt fawr? Doedd neb arall yn dod i'r Capel heb sôn am i'r sêt honno. Roedd y carped yn dyllau i gyd erbyn hyn ac roedd y lleithder a'r mwsog wedi dechrau cyrch ar y pulpud hyd yn oed. Ac eto i gyd, teimlai'n euog bob tro yr âi i mewn iddi. Yr hen Gapel oedd ei chartref ac ni wyddai neb ei bod hi'n byw yno ac eithrio Iesu Grist, wrth gwrs.

Roedd ei mam yn un o'r genhedlaeth olaf i fynychu'r Capel mewn cynulleidfa o addolwyr. Collasai cenhedlaeth Morfudd ei ffydd. Roedd hyn yn drueni mewn ffordd. Arferai'r capeli fod yn ganolfannau cymdeithasol a chatwyd cryn dipyn o hwyl ynddynt. Roedd gan Morfudd luniau melyn o'i thad-cu (a oedd yn flaenor ac a fu farw'n ifanc mewn damwain dan ddaear) a'i mam-gu yn eistedd mewn rhesi o gymdogion ffurfiol yn eu dillad Fictoraidd y tu allan i'r Capel (oedd yn newydd y pryd hynny) i gael eu llun wedi'i dynnu; llun o'i hewythredd yn llanciau ifainc mewn drama a lwyfannwyd yn y festri; llun o'i mam a Bopa Soffi a Bopa Meri-Jên mewn te parti yng ngardd y capel; priodas ei mam a'i thad, priodas ei chwaer; llun o'i brawd, Thomas, ychydig flynyddoedd cyn iddo redeg i ffwrdd i Lundain. Ond beth ddigwyddodd i'r holl berthnasau a chymdogion capelgar yn y lluniau hyn? Roedd yr aelodaeth yn brin erbyn cyfnod ieuenctid Morfudd yn yr Ysgol Sul, er ei bod hi'n cofio partïon bach a gwibdeithiau i Borthcawl a chawsai lyfrau am gasglu dros y genhadaeth . . . ym more oes.

Roedd Morfudd yn cerdded drwy'r dre yn ddiweddar pan glywodd bobl yn siarad amdani, yn sibrwd, ac roedd y plant yn gwneud hwyl am ei phen bob tro yr âi heibio i'r ysgol. A hithau'n arfer bod mor drwsiadus. Roedd hi wedi dal swydd dda hefyd, roedd hi'n brynwraig i un o siopau mawr Caerdydd. Arferai deithio i Gaerdydd ar y bws bob dydd. Codai'n gynnar yn y bore a deuai'n ôl yn hwyr yn y nos wedi blino'n gwdyn. Ond arferai'i mam baratoi disgled o gawl poeth iddi er mwyn iddi gael rhywbeth twym cyn mynd i'r gwely. Ar y bws gwelai'r un bobl yn mynd i'w gwaith, gwelai'r un bobl yn sefyll yn yr oerni tywyll am y bws bob nos i fynd 'nôl i'w cartrefi. Ac o'r bws wrth deithio drwy drefi'r cymoedd i Gaerdydd gwelai'r hen gapeli'n cael eu gadael yn wag i ddirywio a phydru. Teimlai'n ymwybodol ei bod yn dyst i dranc diwylliant nad oedd neb bron yn poeni amdano, na neb yn ei gofnodi. Gwelsai'r arwyddion yn y chwedegau a hithau'n ifanc ac yn obeithiol ac yn annibynnol.

Roedd y plant nawr yn galw enwau ffiaidd ar ei hôl hi ac yn dal eu trwynau. Doedd dim modd osgoi'r plant, roedd hi'n gorfod mynd heibio'r ysgol er mwyn mynd i'r dre a gwnâi hynny bob tro roedd y plant allan yn yr iard yn chwarae. Yn anffodus doedd hi ddim yn gallu amseru'i hymweliadau â'r dre yn well. Doedd 'da hi gynnig i blant. Ellyllon oeddynt, angenfilod, bwystfilod. Wrth gwrs roedd eu rhieni yn meddwl y byd ohonynt, yn meddwl eu bod yn angylion difeddwl-drwg i gyd. Rywsut roedd bod yn rhiant yn gofyn bod yn dwp—yn bendant roedd yn gofyn bod yn ddall i wendidau'ch plentyn eich hun. Roedd Morfudd yn falch nad oedd hi ddim wedi cael plentyn. Doedd hi ddim yn euog o ychwanegu at brif broblem y byd—gorboblogi.

A daeth i'w chof y tro'r aeth hi i mewn i'r Capel gan wybod fod y drws ar agor er ei bod yn ganol wythnos ac nad oedd cwrdd i fod y diwrnod hwnnw. Roedd y drws ar agor er ei mwyn hi. Roedd B.J. Evans y blaenor ifanc yno, athro'r dosbarth Ysgol Sul i bobl yn eu harddegau—sef Myfanwy Price, yr hen ferch ifanc henffasiwn a oedd yn mynd i wneud Cymraeg ac astudiaethau crefydd yn Llambed i fynd yn athrawes, a'r eiddilyn plorynnog gyda'r sbectols, Jac Pugh, a Morfudd ei hun—gwyddai fod B.J. yno'n aros amdani hi.

Roedd hi'n ddiwrnod poeth iawn a gwisgai Morfudd ffrog ysgafn, ond roedd y Capel yn oeraidd, roedd e'n fawr a'i ffenestri'n uchel, ni ddeuai'r haul i mewn iddo o gwbl. Roedd B.J. yn eistedd yn llewys ei grys yn y sêt fawr yn disgwyl amdani. Ni threfnwyd mo'r cyfarfod cyfrinachol hwn ymlaen llaw. Roedd yn rhwym o ddigwydd. Roedd yr atyniad rhyngddynt yn reddfol ac yn gryf. Edrychai B.J. mor dyner iddi ac mor ifanc (er ei fod yn ddeg ar hugain y pryd hynny a hithau heb gyrraedd ugain) fel Iesu Grist penfelyn. Ac am y rhesymau hyn y carodd Morfudd ef. Roedd ei wyneb yn llyfn a'i wallt yn lân ac yn weddol hir am y cyfnod. Un o'i hatgofion melysaf oedd yr olwg arno'n eistedd yn aros amdani yn y sêt fawr y diwrnod hwnnw.

Doedd dim angen geiriau. Gwyddai Morfudd fod B.J. yn ei licio hi'n well na'i wraig ifanc, gwyddai hyn wrth y ffordd yr edrychai arni. Y diwrnod hwnnw pan ddaeth hi i'r Capel teimlai fod yna ryw dristwch o'i gwmpas, edrychai fel bachgen bach yn hytrach na dyn ifanc; crwtyn bach a gollasai'i fam a'i dymuniad greddfol hi oedd ei gysuro, rhoi ei breichiau amdano a'i gysuro. Aeth hi i'r sêt fawr ac aeth i eistedd wrth ochr B.J. Cofiai iddynt eistedd fel yna am amser hir, er nad oedd ganddi syniad pa mor hir; hithau, â chymysgedd o gyffro a dirfawr ofn yn ei chalon. Roedd hi'n dawel. Gallai Morfudd glywed cloc y Capel ac anadl B.J. a'i hanadl ei hun, ei chalon yn curo. Cofiai B.J. Roedd e'n euraidd fel haul yn goleuo'r awyr o'i gwmpas, fel sant. A'i wyneb, mor dyner; cofiai'i wyneb. Roedd e'n hardd, ei syniad hi o angel. A'i hunig ddymuniad yn y byd y pryd hynny oedd cael ei gofleidio.

Yna ar unwaith, aeth ei chof yn aneglur, neu'n rhy glir, ac roedd y cywair yn wahanol. Cofiai B.J. yn ei swyno hi â'i lais hudol ond ni allai gofio'r geiriau, cofiai'i lygaid gleision ac iddo ganiatâu iddi gyffwrdd â'i wddf a'i gusanu. Cofiai'r teimlad sidanaidd a chaled ar yr un pryd. Cofiai'r demtasiwn a methu'i gorchfygu. Cofiai iddi ddatod botymau'i grys, cofiai ddwylo B.J. ar ei choesau a B.J. yn mynd lawr ar ei liniau yn y sêt fawr ac yn cusanu'i chôl. Cofiai ef yn ei thynnu i lawr i orwedd ar garped y sêt fawr ac am eiliad gwelai'i gorff lluniaidd a bachgennaidd fel aur, cyn iddo orwedd drosti. Yna aeth yr atgof yn sur. Doedd hi ddim yn gallu gweld dim ond ei hwyneb yn erbyn ei hwyneb ei hun—yn rhy galed, yn ei mygu hi bron. Cofiai'r cnawd twym a chaled yn mynd rhwng ei choesau ac yn rhwygo i mewn i'w hieuenctid. Cofiai ef yn crio yn ei wylltineb a hithau'n ei datod ei hun o'i afael a rhedeg i'r festri i roi trefn ar ei dillad. Edrychodd lan a gweld yr hen gortyn yn hongian o'r trawst. Teimlodd fel Efa yng ngardd Eden. Ond ar ei phen ei hun roedd hi ac er bod angen cysur menyw arni ni allai droi at neb arall. Ni ddeallai'i mam ei helynt. Roedd hi wedi mynd i'r sêt fawr ac ni chredai neb ei gair hi yn erbyn blaenor fel B.J.

Am fisoedd wedyn roedd hi wedi ofni y câi hi blentyn.

Cadwodd Morfudd ei chyfrinach dan glo a than gadwynau yn ei chalon ac yn nirgelwch ei chalon daliai i garu B.J. o bell. Ond doedd hi ddim wedi gofyn iddo wneud yr hyn a wnaeth yn y sêt fawr a doedd hi ddim wedi disgwyl iddo wneud peth fel yna heb ei chaniatâd.

Flynyddoedd yn ddiweddarach pan fu farw B.J. yn hen ddyn parchus—athro wedi ymddeol a chapelwr ffyddlon hyd y diwedd—bu ond y dim iddi dorri'i chalon.

Roedd ei thad yn ffanatig a Morfudd yn ei ofni. Ofnai gyflwyno'i chyfeillion iddo heb sôn am grybwyll ei charwriaethau wrtho. Pethau sgleintiog a chwyslyd mewn cefnau ceir, y tu ôl i'r tai yn y lôn gefn neu'r rhes gefn yn y sinema neu unrhyw ystafell neu swyddfa—dyna'i charwriaethau. Cafodd ei thad ei fwyta yn araf gan gancr—nid gan gancr ym marn Morfudd eithr gan chwerwedd. Teimlai weithiau ei bod hi'i hun wedi ei fwyta gyda'i chasineb tuag ato. Roedd hi mor falch pan fu farw ei thad yn y diwedd—roedd yn ollyngdod, yn enwedig i'w mam a oedd wedi gorfod ei nyrsio, a dywedodd y cymdogion a'r bobl yn y Capel—Mae'n well bo fe wedi mynd yn dawel yn lle diodde' o hyd—mae'n fendith. Ond ni wyddai neb ei theimlad o ryddhad. Roedd yn ôl yn y siop fawr lle gweithiai yn fuan wedyn ac aeth Morfudd ati i ddathlu marwolaeth ei thad a'i rhyddid newydd yn syth. Ond y noson honno daeth un o'r goruchwylwyr o hyd iddi a bachgen dwy ar bymtheg oed, llanc dan hyfforddiant yn y siop, y ddau ohonynt yn feddw gaib ac yn hanner noeth yn nhoiledau staff y dynion. Collodd Morfudd ei swydd y noson honno. Roedd hi'n bump a deugain ar y pryd. Penderfynodd nad âi hi'n ôl i Gaerdydd byth wedyn.

Bu farw'i mam ddwy flynedd ar ôl ei thad. Ac yn ei hewyllys gadawsai'i mam ei thŷ i gnithder iddi oedd yn byw yng Nghanada. Roedd y gnithder hon yn wraig i weinidog. Derbyniodd ei hetifeddiaeth yn llawen. Lloriwyd Morfudd gan benderfyniad ei mam. Unwaith anfonasai'r gnithder gerdyn Nadolig at ei mam, unwaith yn unig, a chamsillafodd enw ei mam y tro hwnnw; ysgrifennodd 'Cerdwen' yn lle 'Ceridwen'.

Felly cafodd Morfudd ei hela o'i chartref, cartref

ei hoes, a gweld y lle yn cael ei werthu i ddieithriaid. Aeth i letya yn y dre am dipyn ond roedd y lletywraig yn galongaled ac yn fuan y collodd ei chydymdeimlad â Morfudd.

Pan glywodd Morfudd fod yr hen Gapel wedi cau fe dorrodd i mewn iddo, a doedd hynny ddim yn anodd i un a oedd mor gyfarwydd â'r lle. Aeth i fyw yn y festri a doedd neb yn hidio, hyd y gwyddai. Bu'r lle'n wag ers amser. Clywid sôn am dynnu'r lle i lawr ac o dro i dro deuai dynion i mewn i'r Capel. Clywai Morfudd y drysau mawr yn cael eu hagor gan allwedd ac yna âi hi i gwato y tu ôl i len yr organ lan yn y galeri. Roedd hi'n ddychrynllyd i glywed y dynion hyn yn dod i mewn i'r Capel ac yn cerdded dros y lle'n ddi-barch, yn siarad Saesneg ac yn smygu. Gwelsai un o'r dynion hyn, drwy dwll yn y llen, yn cicio llyfr emynau Mr Felix a ddigwyddai fod ar y llawr ar bwys y sêt lle'r arferai Mr Felix a'i wraig eistedd. Mae'n wir fod yr hen ddyn wedi marw ers blynyddoedd a bod yr hen lyfr yn llaith ond doedd hi ddim yn licio agwedd y dyn.

—*Full of rats*, meddai un o'r dynion eraill, ac ar ôl mynd i mewn i'r festri a bwrw golwg dros y lle aethon nhw allan gan gloi'r drysau mawr ar eu holau. Gwyddai Morfudd fod y dynion hyn wedi cael hawl i'r lle. Beth fuasai'r 'Tadau yn eu heirch' yn ei ddweud? Ond dyna'r peth am bobl mewn eirch, meddyliodd Morfudd, dydyn nhw ddim yn dweud nac yn meddwl dim. Dydyn nhw ddim yn gwneud dim byd o gwbl. A daeth darn o adnod i'w chof—'A mi a ganmolais y meirw, y rhai sydd yn barod wedi marw'.

Teimlai Morfudd yn grac. Teimlai'n grac wrth ei gorffennol. Teimlai'n ddig tuag at yr hen gapeli brown a'r diaconiaid rhagrithiol a'r gweinidogion celwyddog a'r menywod balch, yr holl bobl feirniadol hunangyfiawn yna nad oedd neb yn eu cofio bellach, a dyna eu haeddiant. Roedd eu duw hyd yn oed wedi'u hanghofio nhw ac roedd hwnnw'n hongian yn y nef fel cortyn llipa'n gwneud dim byd. Dim mwy na'r meirw. Roedd iaith eu hemynau a'u gweddïau'n farw gorn a gwynt teg ar ei hôl. Ac roedd y byd i gyd yn mynd â'i ben iddo ond doedd Morfudd ddim yn pryderu dim.

—Deued y diwedd! gwaeddodd Morfudd unwaith yn y Capel gwag a rhedodd Iesu Grist o dan un o'r meinciau. Roedd hi'n falch o'r difrod a wnaed i'r amgylchfyd gan ein hoes wancus, roedd hi'n falch o'r rhyfeloedd a'r bomiau.

—Deued y bomiau! Deued y bomiau i'n chwalu a'n chwythu ni i gyd i ebargofiant!

Ar ôl gweiddi cymaint roedd ei llwnc hi'n sych, felly cymerodd ddracht o'r botel werdd wrth ei hochr.

Un diwrnod aethai Morfudd i mewn i'r Capel mawr. Deuai'r haul drwy'r twll yn y to, pelydrau melyn a chynnes, codai ager o leithder y seti'n union o dan y twll. Daeth y Capel yn fyw unwaith eto, roedd e dan ei sang a'r hen bobl yn ei lenwi, fel adeg Cymanfa Ganu. Gwelai rai'n eistedd lan yn y galeri. Roedd Llywelyn Lloyd wedi sefyll yn y sêt fawr ac wedi troi i wynebu'r gynulleidfa i ddechrau'r canu gan ddal ei law wrth ei glust fel yr arferai wneud bob amser yn yr hen ddyddiau, a chanodd y dorf—

> O! Fy enaid gorfoledda
> Er mai tristwch sy yma'n llawn
> Edrych dros y bryniau mawrion
>   I'r ardaloedd hyfryd iawn:
>   Uwch tymhorol
> Feddiant mae fy nhrysor drud.

Ac yn y sêt fawr, mor ifanc a hardd a heulog roedd ei hannwyl B.J. Ond ar hynny daeth aderyn i lawr drwy'r to—a diflannodd y weledigaeth a'r dychweledigion chwap! Nid colomen wen mo'r aderyn hwnnw eithr brân fawr ddu yn crawcian yn wyllt. Daeth hi i lawr yn agos at ben Morfudd fel petai i bigo'i llygaid. Yna aeth i glwydo am dipyn ar gofeb yr hen weinidog y Parchedig Solomon Hughes (doedd neb yn ei gofio). Yna aeth yr hen frân i mewn i'r pulpud. Ac yna y gadawodd Morfudd hi'n crawcian. Aeth hithau i'r festri gan obeithio y deuai'r frân o hyd i'r twll yn y to ac yr âi allan drwyddo eto.

Dro arall llwyddodd Morfudd i agor cwpwrdd yn yr ystafell fechan yng nghefn y festri lle'r arferai'r plant fynd weithiau yn y dyddiau pan ddeuai plant i'r Ysgol Sul. Roedd y cwpwrdd yn llawn o hen lyfrau; llyfrau plant, llyfrau diwinyddol, esboniadau, ambell gyfrol o farddoniaeth megis *Gweithiau Barddonol Dyfed, II*, popeth o'r ganrif ddiwethaf a dechrau'r ganrif hon a phopeth yn Gymraeg. Synnai Morfudd fod cymaint o bethau fel hyn wedi cael eu cynhyrchu ar un adeg. Meddyliai am yr holl wybodaeth yn y cwpwrdd yna ac am y dosbarthiadau o oedolion a phlant yn dod ac yn dysgu'r pethau sych hyn. Dychmygai ryw greadur yn ymffrostio yn y ffaith ei fod e wedi darllen yr holl esboniadau hyn. A'r holl falchder a'r holl ddysg yna wedi diflannu'n gyfan gwbl erbyn hyn. Neb yn gallu cynnal yr achos, neb yn gallu cynnal y diddordeb. Yr holl lyfrau yna'n pydru. Daeth adnod i'w chof eto— 'Nid oes diben ar wneuthur llyfrau lawer, a darllen llawer sydd flinder i'r cnawd.' Dysgasai honno yn yr Ysgol Sul yn yr ystafell honno. Roedd copi o *Geiriadur Charles* yno hefyd. Tynnodd yr hen lyfr allan a'i agor tua'r diwedd. Gwelodd Morfudd y gair 'Gwaed' yn yr 'attodiad'—'Y mae yr awyr a anadlir, pan yn myned i mewn i'r ysgyfaint yn gynwysedig o bedair rhan o nwy (gas) a elwir blorai (nitrogen) ac un rhan o nwy gwahanol, a elwir ufelai (oxygen) . . .' Roedd hi'n licio hen eiriau newydd, marwanedig Thomas Charles, a'r Saesneg mewn cromfachau. Roedd y darn yn ei hatgoffa o'r hen bregethwyr a arferai gyfieithu popeth a ddywedent, yn enwedig rhifau'r emynau—emyn saith cant, chwe deg a phedwar, *hymn number seven hundred and sixty four*, hyn er mwyn yr ymwelwyr a'r rhai nad oedd yn siŵr o'u Cymraeg, ac roedd digon o'r rheini.

Mrs Phillips oedd y cadarnaf ei safiad yn erbyn y Saesneg, feiddiai neb siarad Saesneg â hi a chofiai Morfudd hi'n rhoi pryd o dafod i Llywelyn Lloyd a Miss John am eu tuedd i droi i'r Saesneg. Ond yn y diwedd bu'n rhaid iddi hi, Mrs Phillips, wanychu hyd yn oed, pan briododd ei merch â Sais rhonc a hela'r plant i ysgol Saesneg.

Gwelodd Morfudd fod y cwpwrdd yn llawn pryfed a chorynnod felly caeodd y drws â chlep.

Roedd Morfudd yn eistedd yn y festri pan ddaeth y peiriannau mawr i fwrw'r adeilad i lawr. Teimlai Morfudd yn saff yno â Iesu Grist rhwng ei dwylo—nes iddi sylwi fod y creadur wedi cnoi'i bys bach, a oedd mor oer nad oedd teimlad yn bod ynddo, a'i fod wedi'i gnoi hyd at yr asgwrn. Gafaelodd Morfudd ynddo gerfydd ei gynffon a'i daflu yn erbyn y wal. Glynodd y corff yng nghraciau'r hen furiau. Roedd blew a gwaed y llygoden yn siwps ar hyd y lle, roedd ei llygaid wedi glynu yn y craciau yn dal i syllu arni. Wrth i'r muriau ddechrau dod i lawr o gwmpas ei phen gwaeddodd

—Deued y bomiau!

NIA

Nid oedd Nhad a Mam yn fodlon fy mod i'n mynd i weld Nia. Nid oedd rhieni Nia yn fodlon chwaith. Synhwyro anfodlonrwydd Mr a Mrs Griffiths yr oeddwn ond roedd Nhad a Mam wedi datgan eu barn yn ddiflewyn-ar-dafod nad oeddynt yn hapus fy mod i'n mynd dros y stryd i weld Nia mor aml.

—Pam? gofynnais i Mam am air o eglurhad.

—Achos bachgen yn yr ysgol wyt ti ac mae Nia'n fenyw ganol oed.

—Dyw hyn'na ddim yn rheswm pam na allwn ni fod yn ffrindiau.

—Smo Mr a Mrs Griffiths yn mo'yn dy weld ti o hyd.

—Smo fi'n mynd i weld Mr a Mrs Griffiths, mynd i weld Nia ydw i.

—Wel smo Nia yn mo'yn boddran 'da ti chwaith.

—Mae hi'n falch o 'ngweld i. Hi sy'n gofyn i mi fynd draw.

Roedd hi'n wir fod Nia yn gofyn i mi alw a'i bod yn ymddangos yn falch o'm gweld i bob tro a'i bod yn siarad â mi fel melin bupur ond gwyddwn, yn fy nghalon, nad oeddwn i'n golygu dim iddi mewn gwirionedd.

Roedd Mam yn iawn, dim ond bachgen ysgol yn ei iwnifform oeddwn i—ond yn wrandawr da, yn gynulleidfa o un, yn glust i arllwys problemau a chyfrinachau iddi, a theimlai Nia yn saff yn gwneud hynny oherwydd credai nad oeddwn i'n ddigon hen i ddeall popeth a ddywedai. Ond fuaswn i byth wedi datgelu un o'i chyfrinachau hi am y byd i gyd ac nid oedd y ffaith nad oeddwn i'n neb iddi yn poeni dim arnaf o gwbl oherwydd fy mod i'n gaethwas iddi, yn barod i blygu i'w threfn a gwneud ei hewyllys bob amser—fel ci bach.

I mi Nia oedd tywysoges y fro, roedd hi'n wahanol i bawb arall. Roedd hi'n dalach na'r merched eraill, gyda'i hwyneb hir a'i thalcen mirain. Ei gwallt du —gyda ambell linell arian—wedi'i gribo'n ôl dros ei hysgwyddau. Gwisgai mewn du bob amser, weithiau mewn du a choch, â llawer o freichledi am ei garddyrnau, ac yn hongian o gadwyn aur denau hir rhyw dlws aur cywrain a orweddai yn y pant rhwng ei dwyfron. Ni fyddai Nia byth yn cloncan gyda'r merched eraill, ni fyddai byth yn gweiddi dros y wal wrth wisgo cyrlars neu sgarff am ei phen a sigarét yn ei phen, ni fyddai byth yn esgus brwsio'r pafin yn y ffrynt dim ond i gael gweld beth oedd yn mynd ymlaen ar y stryd. Credai'r cymdogion ei bod hi'n dipyn o snob oherwydd anaml y dywedai 'hylô' wrthynt, dim ond os oedd hi'n teimlo'n 'serchus'. Roedd ei mam, Mrs Griffiths, ar y llaw arall, yn fwy cyffredin a thrwyddi hi y câi Nia newyddion y stryd; wedi'r cyfan roedd hi, Nia, bob amser yn barod i gydymdeimlo pan fyddai rhywun yn dost neu wedi claddu rhyw berthynas. Gwnâi hyn o ran dyletswydd. Ond ofnai'r cymdogion siarad â hi ar y cyfryw brydiau; siaradai Saesneg fel rhywun ar y teledu ac roedd ei Chymraeg hi mor gywir â phregethwr. Roedd ei thad, Mr Griffiths, yn athro Cymraeg wedi ymddeol, a dim ond Cymraeg fyddai ef a Nia yn siarad gyda'i gilydd—a hyn, yn fwy na dim byd arall a osodai Nia ar wahân i ferched eraill y cylch. Dywedodd Nesta Thomas wrth Mam:

—Mae hi ddim yn lico chi'n siarad Sisneg ond mae hi'n rhy barod i gywiro'ch Cwmrêg chi wedyn. Wel, mae hi'n gallu darllen a sgrifennu Cwmrêg chi'n gweld.

Yn wir Nia oedd tywysoges y fro. Pan ddaeth yr Eisteddfod Genedlaethol i'n hardal ni, Nia gafodd yr anrhydedd o gyflwyno'r Corn Hirlas i'r Archdderwydd. Enillasai sawl gwobr am adrodd mewn eisteddfodau—gwelais ei thystysgrifau yn ei hystafell.

Roeddwn i wedi dechrau mynd i'w gweld hi pan oeddwn i'n ddim ond crwtyn bach. Roedd hi a'i rhieni yn mynd i'r un capel â Mam ac ar ôl yr Ysgol Sul un tro dywedais y down i i dorri'r lawnt iddyn nhw, y teulu Griffiths. Roedd gen i ryw degan ar y pryd a oedd yn debyg—yn fy meddwl plentynnaidd i—i declyn lladd gwair. Cefais losin gan Nia ar ôl chwarae gweithio yn yr ardd am ddim mwy na deng munud, a chyda'r losin wahoddiad i alw eto. Felly y dechreuodd ein cyfeillgarwch. Wrth i mi dyfu a blino ar smalio gweithio yn yr ardd fe ddechreuodd Nia ddangos ei lluniau i mi—cardiau oeddynt:

—Dyma lun gan Ceri Richards brynais i'r tro diwetha y bues i yn Llundain . . . a dyma un gan John Petts . . . Arthur Giradelli . . . Brenda Chamberlain . . .

Wyddwn i ddim ar y pryd mai ymfalchïo yn ei gwybodaeth am artistiaid anghyffredin lled-Gymreig yr oedd hi. Roeddwn i wrth fy modd yn edrych ar y lluniau.

Yn nes ymlaen dangosodd ei chasgliad enfawr o lyfrau i mi a darllenai ddarnau o'r Mabinogi—

—Meithrin aderyn a wnaeth hithau ar dâl y noe gyda hi a dysgu iaith iddo ...
A cherddi fel:

Mae 'nghalon i cyn drymed
Â'r march sy'n dringo'r rhiw;
Wrth geisio bod yn llawen
Ni fedraf yn fy myw ...

neu:

A chodi'r bore i ddymuno nos,
A throsi drwy'r nos hir, dan ddisgwyl bore ...
A chlywed gwynt yn cwyno ym mrigau'r pîn,
A gwrando ar ymddiddan 'nhad a 'mam!

Ac actiai ddarnau o ddramâu:
—Na, na. Nid ofni dynion yr wyf. Ond ofni gwacter, ofn unigedd.

Yn y capel edrychai mor hunanfeddiannol a ffroenuchel ond erbyn hyn, a finnau'n ei nabod yn well, dysgaswn nad un felly mohoni mewn gwirionedd. Dysgaswn ei bod hi'n boenus o swil a bod y cymdogion wedi camddehongli hynny fel snobyddiaeth. Dysgaswn ei bod hi'n eithriadol o unig a bod pawb wedi camddeall hynny fel hunan-dyb oeraidd. Ond onid oedd hi wedi cael ei gorfodi i chwarae'r rhan yr oedd y gymdogaeth wedi'i hysgrifennu ar ei chyfer? Roedd y cymdogion yn snobyddion wyneb i waered—doedd Nia ddim yn ddigon 'cyffredin', ddim yn ddigon 'gwerinaidd' ar gyfer eu safonau nhw, safonau cul iawn. Roedd cyffredinedd ac unffurfiaeth yn orfodol yn ein hardal ni, dyna pam ei bod yn ardal ddi-nod hyd yn oed yng Nghymru.

Ac eto, efallai'i bod hi'n snob wedi'r cyfan. Dywedodd Kitty Bowen wrth Mam (o fewn fy nghlyw, roeddwn i'n clustfeinio o'r golwg) fod Nia yn:

—Dipyn o ledi pan oedd hi'n ifancach. Ro'dd lot o wahanol gariadon 'da hi ar un adeg. Dynion ifenc y Blaid a'r Cymmrodorion, dynion y colegau, deintyddion, cyfreithwyr a doctoriaid i gyd oedden nhw.

Ond mae gan bobl fel Kitty ddawn i gloriannu a dosbarthu rhywun yn dwt mewn ychydig o eiriau, ei ddiffinio a distyllu'i holl hanes mewn brawddeg neu ddwy; tasg sy'n amhosibl mewn gwirionedd.

—Bu hi'n caru gyda sawl un, meddai Kitty, Dafydd Roderick am dipyn ac yna Meirion Isaac y pensaer, ac yna'r dyn bach o'r teledu, pawb yn siŵr ei bod hi'n mynd i briodi y tro hwnnw. Ond nid felly y bu hi. Mae hi wedi methu rhwydo'r un dyn. Meddwl ei bod hi'n rhywun mae hi a'i bod hi'n well na phawb arall.

Onid oeddwn i'n gweld ochr arall y geiniog i raddau? Roedd Nia yn fywiog, yn ddifyr, yn lliwgar, yn greadigol, yn ddramatig, yn ddiddorol, roedd ei meddwl yn chwim a gwyddai beth wmbreth o bethau. Felly os oedd hi'n credu'i bod hi'n well na neb arall roeddwn i'n cytuno â hi. Dyna pam y gofynnais iddi fy mhriodi pan oeddwn i'n grwtyn.

—Paid â bod yn wirion, meddai, gan roi ei bysedd hirion ar fy mraich, rwyt ti'n rhy ifanc. Erbyn y byddi di'n ddigon hen i briodi bydda i'n hen wraig benwyn heb ddannedd a byddi di wedi cwrdd â rhyw lodes hardd beth bynnag.

—Wnei di byth fynd yn hen.

—Rydw i'n hen eisoes. 'Hi hen eleni ganed.'

Wrth i mi dyfu fe welais synnwyr ei geiriau, wrth gwrs. Gwelais fy mod i'n tyfu ac eto na wnawn i byth ddal i fyny â hi fel yr oeddwn i wedi meddwl yn ddiniwed pan oeddwn i'n fachgen bach. Serch hynny wnes i erioed gwrdd â rhyw lodes hardd.

Roeddwn i yn f'arddegau cynnar felly pan ddechreuodd fy rhieni fynegi yr anfodlonrwydd yna a phan ddechreuodd Mr a Mrs Griffiths wgu eu hanfodlonrwydd hwythau ar ein cyfeillgarwch. Ond y cyfnod hwn a welodd y datblygiadau mwyaf diddorol yn ein hanes—a hefyd, gwaetha'r modd, y diwedd anochel a hynny mewn ffordd anragweladwy ac annhymig, i'm tyb i o leiaf.

Roedd Nia wedi dechrau rhannu'i chyfrinachau â mi. Gwyddwn nad oeddwn yn ymddiriedwr delfrydol, roedd hi wedi methu dod o hyd i ferch o'i un anian â hi yn y fro, ond gwnawn y tro gan fy mod i ar gael bob amser, yn barod i wrando a chadw cyfrinach. Un tro aethai Nia i Gregynog ar gwrs llenyddol a phan ddaeth yn ei hôl dywedodd ei bod hi wedi cwympo mewn cariad â'r darlithydd. Nid oeddwn yn deall sut y gallai hi ymserchu mewn dyn a oedd yn fwy na deng mlynedd ar hugain yn hŷn na hi—yr un oedran â'i thad bron, a hwnnw yn hen ŵr—serch hynny doedd hi ddim yn gallu fy ngharu i a oedd ugain mlynedd yn iau na hi, neu o leiaf, os gallai hi garu rhywun hŷn dylai hi hefyd werthfawrogi'n sefyllfa innau. Beth bynnag, ysgrifennai lythyron at y dyn hwn gan fynegi'i theimladau'n angerddol, a darllenai bob llythyr i mi cyn ei roi yn yr amlen. Braidd yn oeraidd a phrin oedd yr atebion a gawsai.

Ond yna cwympodd Nia yn y dre a phan es i i'w gweld hi gyda phecyn o losins ar ôl yr anap roedd breichled fwy nag arfer ei maint—o blastr—am ei garddwrn.

—O diolch, meddai am y losins, gan stwffio'r pecyn y tu ôl i'w chefn; roedd ganddi rywbeth roedd hi'n ysu i'w rannu â mi. —Dw i wedi bod i weld y doctor, doctor newydd, Dr Mansel Lloyd. Cymro glân, pur, a gŵr bonheddig hefyd; mae e mor garedig. A'i ddwylo. Roedd ei ddwylo fel dwylo angel.

Roedd hi'n amlwg ei bod hi wedi anghofio'i hen ddarlithydd yng Ngregynog a'i bod dros ei phen a'i chlustiau mewn cariad â'r doctor hwn, bellach. Edrychodd ar y plastr am ei braich a sibrydodd y gair —Rhagluniaeth.

Wythnos ar ôl hyn aethai i weld y meddyg eto. Taflodd ei breichiau am fy ngwddf pan es i i'w gweld hi. Roedd hi'n gwisgo persawr a'm hamgylchynai megis cwmwl hud. Gallwn deimlo'i chalon yn curo a'i dwyfron yn erbyn f'ochr a'i gruddiau meddal a llyfn yn erbyn fy wyneb innau.

—O f'anwylyd, meddai, mae Dr Mansel yn ffein. Ac wyddost ti be'? Dw i'n amau'i fod e'n 'yn licio i! Mae'r enaid yn synhwyro peth fel'na.

Aeth hi i weld y doctor eto ac ar ôl yr ymweliad hwnnw roedd ei brwdfrydedd fel petasai'n mynd i ferwi drosodd.

—Dwi'n siŵr fod Dr Mansel a finnau'n mynd i fod yn ffrindiau, wyddost ti, yn 'eneidiau hoff, cytûn'. Mae e wedi 'ngwahodd i gwrdd â fe yn y dre am de ac efallai'r awn ni wedyn i Gaerdydd gyda'n gilydd. Paid â gweud wrth neb. Efallai'r awn ni i'r theatr.

Wnes i ddim gweld Nia ar ei phen ei hun am wythnosau wedyn. Bob tro yr awn dros y stryd i'w gweld hi deuai'i mam neu'i thad i'r drws a dweud bod Nia yn gorffwys, doedd hi ddim eisiau fy ngweld i, a phan fyddai hi wedi mynd ma's treuliai'r amser gyda'r doctor—er bod ei hanaf wedi hen wella erbyn hyn. Bu ond y dim i mi fynd o'm cof oherwydd f'eiddigedd a'm hunigrwydd a'm hiraeth am gwmni Nia.

Ond daeth tro ar fyd eto. Daeth Nia i'n tŷ ni gan ofyn i mi fynd i'w gweld hi. Dyna'r unig dro iddi ddod i alw amdanaf fi.

—Ble wyt ti wedi bod? Pam wyt ti wedi bod mor ddieithr, yn cadw draw yn union pan oedd d'angen arnaf? meddai.

Sut oeddwn i i wybod, a hithau'n gwrthod fy ngweld i? Petasai hi ond yn gwybod cymaint yr oeddwn i wedi gweld ei heisiau hi. Dechreuodd Nia ddatod ei phecyn gofidiau newydd ar unwaith, bron.

—Mae'r doctor 'na, Dr Mansel, wedi fy mradychu i. Ro'n i yn y syrjeri 'da fe ar fy mhen fy hun ac mi

... mi wna'th e rywbeth i mi. Ond nawr dw i'n deall ei fod e'n briod a bod dou o blant 'da fe!

Roedd hi'n llefain y glaw a buaswn i wedi licio'i chysuro hi ond allwn i ddim.

—Y diawl ffiaidd! meddai gyda'r fath ddicter ac yna poerodd y geiriau unwaith eto fel cols poeth o'i cheg—y diawl ffiaidd!

Buaswn i wedi licio lladd y doctor hwnnw.

Wythnos ar ôl hyn roeddwn i'n croesi'r stryd ar fy ffordd i'w gweld hi pan ddaeth Nia o'i thŷ.

—Dw i ar fy ffordd i Gaerdydd, f'anwylyd, i siopa, meddai'n ddigon siriol, dere draw fory a chei di weld be' dw i wedi'i brynu. Hwyl! A ffwrdd â hi.

Roedd hi'n wahanol, roedd wedi tawelu. Roedd hi wedi newid yn llwyr.

Pan es i i'w gweld hi drannoeth roedd ei hymddygiad yn rhyfedd iawn. Aethon ni lan i'w hystafell yn llechwraidd a chaeodd hi'r drws ar ein holau yn dawel, yna safodd am dipyn â'i chlust yn erbyn y drws yn gwrando am ei mam neu'i thad. Ar ôl iddi deimlo'n fodlon nad oedd neb yn symud yr ochr arall i'r drws aeth i'w wardrob a thynnu pentwr o focsys mawr allan. Agorodd y bocsys fesul un a dangos eu cynnwys i mi; sgidiau newydd, dillad newydd, dillad anghyffredin o amryliw, yn wahanol iawn i'w du a choch arferol. Ond gadawodd un bocs anferth tan yr olaf a phan agorodd y clawr cefais ysgytiad—ynddo roedd y ffrog briodas wen fwyaf prydferth a chrand ac addurniedig a welswn erioed yn ein tre ni. Fel petai hi wedi gweld y braw ar fy wyneb sibrydodd:

—Ie, f'anwylyd, dw i'n mynd i briodi wedi'r

cyfan; paid â dweud wrth neb eto, dw i'n mynd i briodi'r Dr Mansel Lloyd. Dw i wedi trefnu popeth.

Yn fuan ar ôl y newyddion syfrdanol hyn (tridiau efallai) daeth Kitty i'n tŷ ni â cherdyn bach yn ei llaw, cerdyn lliw hufen a llythrennau arian arno.

—Ti wedi ca'l un hefyd, meddai Mam a dyma hithau'n tynnu cerdyn yn gwmws yr un peth o'r boced yn ei ffedog. Yna daeth Bopa Casi drws nesaf i mewn, roedd hi wedi cael un o'r cardiau hefyd. A dyna lle buon nhw ill tair yn trafod y cardiau am weddill y dydd. Yn y man daeth hi'n eglur fod Nia wedi anfon y cardiau hyn at bawb yn yr ardal yn eu gwahodd nhw i'n Capel ar y dyddiad a'r amser penodedig i'w phriodas hi a Dr Mansel Lloyd. Ond nid oedd y trefniadau yn y cyhoeddiad wedi cael eu cytuno gyda'n gweinidog ni, Mr Davies, a'r cyntaf a glywodd Dr Lloyd am y peth oedd pan gafodd un o'r cardiau! Yn wir cafodd pawb ond gwraig Dr Lloyd eu gwahodd i'r briodas ffug. Chwarae teg iddi, dododd Nia wahoddiad i mi'n bersonol mewn amlen arbennig a'm henw arni drwy'r drws, ar wahân i wahoddiad fy rhieni.

Ymddengys fod Nia wedi mynd i Gaerdydd gyda llyfr sieciau ei rhieni a'i bod hi wedi gwario cannoedd o bunnoedd ar ddillad ar gyfer ei 'mis mêl' ac ar argraffu'r gwahoddiadau ac, wrth gwrs, ar y wisg briodas ysblennydd.

Dygodd Dr Lloyd achos yn erbyn Nia a chafodd ei dwyn o flaen 'ei gwell'. Am wythnosau bu'r hanes yn llenwi tudalennau'r papurau lleol ac roedd Nia yn gyff gwawd yn y cylch. Ni wnaeth hi ddim i'w hamddiffyn ei hun. Ond ni allai ddal y pwysau, druan ohoni, a bu'n rhaid iddi fynd i'r ysbyty ym Mhen-y-bont ar Ogwr am gyfnod.

Pan ddaeth hi yn ôl i dŷ ei rhieni roedd hi'n wahanol eto. O'r braidd yr oedden ni'n nabod ein gilydd.

—Rwyt ti wedi tyfu cymaint, meddai. Ond roedd Nia wedi newid hefyd; roedd hi'n denau ac yn esgyrnog, roedd ei hwyneb yn welw, yn dywyll o dan ei llygaid; roedd ei gruddiau'n bantiau nawr a'i gwallt yn wyn i gyd. Ond doedd hi ddim wedi colli'i hurddas. Dyna'r tro cyntaf i mi deimlo'n ymwybodol o'i hoedran a'r agendor amser rhyngom ni.

—O, dw i'n falch o dy weld ti, f'anwylyd. Ac am y tro cyntaf efallai roedd hi'n meddwl hynny.

—Does neb yn dod ar fy nghyfyl i nawr a phan a' i i'r dre dw i'n cael lot o hen wynebau hir yn syllu arna i cystal â gweud 'Fasa hon'na ddim yn plesio neb'. Ond dw i ddim yn cymryd dim sylw.

Ond gwyddwn ei bod hi wedi cael ei brifo ac mai ffug oedd ei difaterwch. Ni allai ddarllen nac adrodd barddoniaeth. Roedd hi'n dioddef.

Un tro roedd hi'n ymddangos yn well ac yn dawelach ei hysbryd. Roedden ni'n eistedd yn y parlwr ac aeth criw o blant heibio ar hyd y stryd dan chwerthin.

—Mae'n dda bod pobl ifainc yn gallu chwerthin, meddai, dw i ddim yn gallu chwerthin yn aml bellach.

Ond dywedodd hyn heb affliw o hunandosturi. Yn nes ymlaen aeth hi i nôl tudalen o gerddoriaeth a dyma hi'n dechrau hymian y dôn a chanodd y geiriau—'Ti raid achub ti dy hun'. Wedyn aeth i gysgu mewn cadair.

Rydw i'n poeni ac yn teimlo'n euog nawr am nad es i i'w gweld hi'n aml wedyn. Roedd hi wedi symud mor bell i ffwrdd, fel petai, y tu hwnt i'm cyrraedd. Ond symudais innau, roeddwn i wedi magu diddordebau eraill. O fewn y flwyddyn bu farw Nia o gansar.

Mae'r cerdyn yn fy ngwahodd i'r briodas gyda fi o hyd.

NODYN AR UN O YSGRIFAU SYR T.H. PARRY-WILLIAMS

Yn ei ysgrif sy'n dwyn y teitl 'Bwrn' (*Olion*, 1935) y mae Syr T.H. Parry-Williams yn disgrifio darlun —'engrafiad neu ysythriad ar ddur'—a welsai yn hongian yn Aberystwyth 'mewn ffenestr ... siop fechan lawn o roliau papur papuro yn un o ystrydoedd lleiaf rhwysgfawr y dref'. Gwnaeth y llun argraff ddofn arno a dyma'i ddisgrifiad ohono:

[T]ri phen gwrywaidd, mynachol, cycyllog, a dau fys llaw dde pob un wedi eu plygu'n onglog i fyny a than ên ac yn cyffwrdd â'r gwefusau, a dau fys y llaw chwith yn cyfeirio at ryw anifail afluniaidd erch a'i lygaid yn ogofau [*sic*], pryf ffiaidd fel corff ''na phoenwyd erioed gan galon''. Y mae gwynt hefyd yn chwythu i gyfeiriad y dwylo estynedig gan chwifio cudynnau o wallt y dynion ac ysgogi'r tywyllwch sy'n eu hamdoi.

Roedd y llenor dan yr argraff taw gwaith William Blake oedd hwn 'er na stopiais eto i'w edrych yn iawn,—ond wedyn nid wyf yn ddigon cyfarwydd â phethau Blake'.

Aeth y darlun hwn yn 'fwrn' ar feddwl Parry-Williams (gan hynny, y teitl a welir ar yr ysgrif) ac ar ôl i mi ddarllen amdano aeth yn fwrn ar fy meddwl innau a chredaf y bydd hanes f'ymgais i adnabod y llun o ddiddordeb i rywrai.

I ddechrau cribais a phorais drwy bob llyfr ar waith Blake y gallwn gael gafael arno yn y Llyfrgell Genedlaethol gan chwilio am rywbeth tebyg i'r hyn a ddisgrifiwyd gan Parry-Williams. Er i mi fy modloni fy hun fy mod wedi edrych ar bob llun o'i eiddo o leiaf dair gwaith, ni lwyddais i gael hyd i ddim byd cyffelyb hyd yn oed; dim mynaich cycyllog, digon o anifeiliaid afluniaidd ond heb y triawd na'r dwylo estynedig.

Yna ysgrifennais at nifer o haneswyr celf gan anfon disgrifiad Parry-Williams o'r llun atynt ynghyd ag amlenni a'm cyfeiriad a stampiau dosbarth cyntaf arnynt. Arhosais yn awchus am yr atebion gan feddwl yn siŵr y byddai o leiaf un o'r arbenigwyr hyddysg hyn (gan gynnwys un a oedd yn gysylltiedig â'r Oriel Genedlaethol yn Llundain) yn gallu rhoi amcan i mi o enw'r artist neu'r thema a ddarluniwyd ganddo; wedi'r cyfan, dyna i gyd y gobeithiwn ei gael fel ateb i'r dirgelwch; cefndir yr olygfa a welsai Parry-Williams mewn ffrâm 'hyll' yn y siop fechan honno. Ond o'r atebion a gefais ni allai'r un ysgolhaig fwrw'r un pelydryn o oleuni ar y pos.

Penderfynais y daliwn ati i chwilio gwaith Blake ar fy mhen fy hun. Yna ehangais fy ngorwelion, fel petai, drwy edrych ar waith arlunwyr eraill. Roedd rhyw aderyn yn dweud wrthyf nad gwaith Blake oedd yr hyn a geisiwn, wedi'r cyfan, onid oedd Parry-Williams wedi crybwyll ei ansicrwydd? Wrth i amser fynd yn ei flaen dechreuais ddigalonni— ac eto yr oedd y chwilfrydedd neu'r chwant am ateb i'r dirgelwch yn drech na fi, yn fwrn, yn wir.

Ar brydiau bu ond y dim i mi weddïo am gymorth yr hyn a alwai Koestler yn 'Angel Llyfrgell'. Caniatäer ambell enghraifft. Dyna'r stori am y nofelydd Anne Parrish a'i gŵr yn ymweld â Paris am y tro cyntaf yn y dauddegau gan dreulio llawer o amser yn pori yn y stondinau llyfrau ail-law ar lannau'r Seine ger Île de la Cité. Mewn un stondin daeth yr awdures ar draws hen gopi o *Jack Frost and other stories*, un o hoff lyfrau'i phlentyndod yn Colorado Springs nad oedd wedi gweld copi ohono er pan oedd yn ferch fach. Dangosodd yr hen gyfrol i'w gŵr a phan agorodd hwnnw'r clawr gwelodd enw ei wraig a chyfeiriad ei hen gartref y tu fewn.

Y mae stori, eithaf hysbys erbyn hyn, am yr actor Anthony Hopkins ar ddechrau'i yrfa ddisglair yn cael rhan yn y ffilm a wnaed o nofel George Feifer, *The Girl from Petrovka*. Cribodd Hopkins siopau llyfrau heol Charing Cross gan chwilio am gopi o'r nofel wreiddiol, ond yn ofer. Ar ei ffordd tua thre, ar ôl anobeithio, dyma fe'n ffeindio copi ar fainc yng ngorsaf danddaear Leicester Square. Ond nid dyna ddiwedd y stori. Ddwy flynedd ar ôl hyn cyfarfu Hopkins â George Feifer yn Fienna a dywedodd yr awdur ei fod wedi colli'i gopi'i hun o'r nofel, yn Llundain. Dangosodd Hopkins y copi a ddarganfuasai i'r awdur, ac o'r nodiadau ar ymylon rhai o'r tudalennau gallai Feifer weld mai'i gopi personol ei hun oedd hwn.

Pan oeddwn yn dechrau ar fy ngwaith ymchwil ar John Gwilym Jones ceisiais ddod o hyd i ddau lyfr y soniodd iddo'u darllen pan oedd yn blentyn, nid amgen *Gwylliaid Cochion Mawddwy* (a enwa yn ei atgofion ac yn ei ddrama *Ac Eto Nid Myfi*) ac *Y Pererin Bach*. Dywedodd John Gwilym Jones iddo chwilio am y ddau lyfr hyn sawl gwaith a methu cael hyd iddynt. Chwiliais innau am *Gwylliaid Cochion Mawddwy* gan ysgrifennu at lawer o bobl yn ei gylch, ond hyd yma heb lwyddiant o gwbl. Oni bai am fendith rhyw 'Angel Llyfrgell' nid wyf yn disgwyl ei gael bellach, oherwydd ofnaf fod John Gwilym Jones wedi gwneud rhyw gamgymeriad ynglŷn â'r teitl. Cefais fwy o lwyddiant ynglŷn â'r llyfr arall; D. James (Defynnog) oedd awdur y llyfr hwnnw a gyhoeddwyd ym 1910. Yr hyn sy'n rhyfedd am y stori hon yw fod rhestr o weithiau Defynnog yn ymddangos yn y rhifyn o *Trafodion y Cymmrodorion* sydd yn cofnodi achlysur cyflwyno Medal yr Anrhydeddus Gymdeithas i John Gwilym Jones. Ni wn a droes y dramodydd i gefn y *Trafodion* a gweld enw un o hoff lyfrau bore ei oes ar restr cyhoeddiadau Defynnog a theimlo bod adenydd 'Angel Llyfrgell' wedi cyffwrdd ag ef. Hwyrach na sylwodd e ddim.

Ond yn ôl â ni at T. H. Parry-Williams. Wrth edrych ar ddarluniau a brasluniau'r hen feistri gwelais sawl posibilrwydd: Goya, Dürer, Bruegel a Bosch. Er mor wahanol ydynt yr oedd yng ngweithiau pob un o'r artistiaid hyn bethau tebyg i'r hyn a ddisgrifiwyd gan Parry-Williams. Angenfilod Bruegel, ellyllon Bosch, mynaich Dürer a darluniau bythgofiadwy Goya o greulondeb y Chwilys. Ond dim byd yn cyfateb yn agos iawn i'r llun yn 'Bwrn'.

Mewn darlun gan Urs Graf gwelir mynach yng nghwmni anghenfil digon afluniaidd. Codais fy nghalon. Ond yn anffodus y mae holl waith y gŵr hwn yn hysbys oherwydd ychydig iawn o enghreifftiau ohono sydd wedi goroesi, a does dim un llun yn dangos y tri phen cycyllog.

Deuthum yn nes at y nodau angen, i'm tyb i ar y pryd, wrth droi at waith yr hynaf o'r Tiepolos, sef Giambattista Tiepolo, 1696-1770. Yn ei *scherzi* a'i *capricci* gwelir nifer o olygfeydd sy'n consurio'r un awyrgylch â'r un a luniwyd gan Parry-Williams yn 'Bwrn'. Dyma ddisgrifiad Pallucchini o'r darluniau hyn:

> Daw hen ddynion o'r Dwyrain yn eu twrbanau, dewiniaid, athronwyr, milwyr, bugeiliaid, ffawnod, menywod a phob math o anifail i gyfarfod, rhannu'n grwpiau, i archwilio ffurfiau dirgel, ymgynghori â'r Sidydd, tynnu atebion o benglogau, sgerbydau, seirff, ymhlith hen adfeilion, allorau a basgerfiadau.

Mewn un llun o'i eiddo gwelir saith ffigur yn edrych ar sarff. Gan fod rhai o'r dynion yn y llun yn sefyll y tu ôl i rai eraill, yn rhannol guddiedig, gellid yn hawdd gamgymryd mai dim ond tri sydd yn yr olygfa. Ond go brin y gallai Parry-Williams ddisgrifio'r hyn sydd yn amlwg yn neidr fel 'pryf, ffiaidd ... afluniaidd erch' fel pe na welsai'r fath greadur erioed. Mewn llun arall sy'n dwyn y teitl 'Dau Ddewin a Phlentyn' a wnaed gan yr artist tua'r flwyddyn 1730 gwelir tri ffigur (er nad ydynt yn gycyllog nac yn pwyntio, ac y mae un ohonynt yn ifanc iawn) a sgerbwd rhyw anifail ar y llawr, a'r tri yn edrych ar y benglog sydd â llygaid neu dyllau llygaid, yn hytrach, a'r rheiny'n ddigon 'ogofaidd'. Mae un o'r dewiniaid hefyd yn defnyddio cwmpawd, delwedd a allai fod wedi awgrymu i feddwl Syr T.H. Parry-Williams lun enwog Blake o'r Creawdwr, y cyfeiria ato yn ei ysgrif.

Os na chyfatebai hwn yn llwyr i'r llun yn y siop fechan 'yn un o ystrydoedd lleiaf rhwysgfawr' Aberystwyth, teimlwn ei fod yn ddigon agos ato fel y gallwn hydcru imi ddarganfod yr artist iawn os nad yr union lun. Ac am *scherzi* Tiepolo dywedodd un arbenigwr: 'Dyw haneswyr celf ddim wedi datrys problem gwreiddiau thematig y *scherzi* na'r *capricci* eto.' Felly, er imi deimlo fy mod wedi ateb rhan o'r 'Bwrn', aros a wnâi'r dirgelion eraill am byth.

Gallaf wenu ar fy hyfdra nawr yn meddwl fy mod wedi ateb cwestiwn mor anatebadwy â hynny mor gyflym a rhwydd â phe bawn yn dditectif mewn drama hanner awr sydd yn gorfod datrys y llofruddiaeth—sydd yn gallu gwneud hynny yn hawdd gan fod y cliwiau yn amlwg iddo fe os nad i neb arall yn y chwarae. Gorchwyl tebyg i chwilio am un gronyn o dywod penodol ar draeth llydan oedd chwilio am lun Syr Thomas. Ac yn fy nghalon hwyrach y gwyddwn nad oeddwn wedi dod yn agos at ei ddarganfod mewn gwirionedd.

Dyna pryd y cefais gymorth—os dyna'r gair, o gofio'r hyn a ddigwyddodd wedyn, fel y caf adrodd yn nes ymlaen—cymorth rhyw fath o 'Angel Llyfrgell', neu Ellyll yn hytrach, ac nid mewn llyfrgell chwaith.

Un diwrnod ar fy ffordd tua thre o'r Llyfrgell Genedlaethol, lle bûm yn darllen er y bore, cerddais drwy'r dref er mwyn prynu papur newydd ar fy ffordd, yn ôl fy arfer. Ond am ryw reswm cerddais i mewn i siop fach trugareddau ail-law, a hynny yn hollol groes i'm patrwm rheolaidd—yn wir, er imi gerdded heibio i'r siop honno gannoedd o weithiau, prin fy mod wedi sylwi arni o'r blaen. Dydw i ddim yn un am ffureta mewn siopau ail-law; mae gennyf ryw ragfarn afresymol yn erbyn stwff y mae pobl eraill wedi'i wrthod a dydw i erioed wedi bod yn un am wynto bargeinion fel rhai o'm cydnabod sy'n canfod dillad bron fel newydd a chelfi gwerthfawr am brisiau anhygoel o isel yn y llefydd mwyaf diolwg. Beth bynnag, am ryw reswm fe'm cefais fy hun yn yr hen siop front llawn llwch a gweoedd corynnod, hen setiau radio a theledu, hen lampau, hen gadeiriau o'r pumdegau, rholiau o garpedi treuliedig, hen gŵn a chathod a cheffylau plastr, hen 'anrhegion' o'r Rhyl, Blackpool a Llandudno, pentyrrau o lyfrau clawr papur a lluniau coegwych, rhamantus arnynt rhwng hen Esboniadau a *Caniadau Dyfed*, cyf. II. Ac yno, ar ben cruglwyth o luniau nad oedd neb yn gweld eu heisiau, fe'i gwelais.

Mewn ffrâm hyll, yn wir, heb amheuaeth hwn oedd y llun—nid yn unig yr un pictiwr, eithr, fe wyddwn ym mêr f'esgyrn mai hwn oedd yr un llun yn union yn yr un un ffrâm ag a welsai Parry-Williams ac yr ysgrifennodd amdano yn yr ysgrif 'Bwrn'. Heb oedi fe'i prynais (gan geisio celu fy nghyffro fel Bob Owen wedi cael rhyw gyfrol brin mewn siop lyfrau ail-law gyffredin) am bum ceiniog ar hugain, credwch neu beidio. Fe'i lapiwyd mewn papur llwyd a rhedais adre â'm trysor dan fy nghesail er mwyn cael ei archwilio'n iawn.

Mi wn fod hwn yn gyd-ddigwyddiad teilwng o Parry-Williams ei hun ond fe'm hargyhoeddwyd bod y darlun wedi goroesi ac wedi aros yn Aberystwyth (er nad yn yr un siop) ers dyddiau Syr Thomas ei hun—pwy a edrydd ei anturiaethau, ei droeon trwstan, yn y cyfamser rhwng ei ddyddiau ef a'm dyddiau innau?

Pan edrychais ar fy narganfyddiad yn nhawelwch f'ystafell fe welais yr holl elfennau a nodwyd gan y llenor: tri phen cycyllog, yr ystumiau rhyfedd, y dwylo'n cyfeirio at yr anifail, a hwnnw'n wironeddol afluniaidd a ffiaidd, yr awgrym o wynt yn chwifio'r cudynnau o wallt; ond nid oedd yn debyg i'r llun y dychmygaswn a'i greu yn fy meddwl. Os rhywbeth roedd yn waeth, yn fwy dychrynllyd a gwnâi i mi deimlo'n annifyr iawn. Yn hyn o beth teimlwn fy mod yn rhannu profiad Parry-Williams yn union fel petawn yn byw ei ysgrif.

Mae'n fwy na thebyg i mi gael golwg well ar y darlun na Parry-Williams a chyfle i'w astudio a syllu arno, craffu arno'n fanylach nag a wnaeth ef. Wedi gwneud hynny arhosai'r dirgelion, a dwysáu. Pwy oedd yr arlunydd? Nid Tiepolo wedi'r cyfan, na Blake chwaith, na Goya, nac Urs Graf, na Bosch, na Dürer, na neb yr oeddwn yn gyfarwydd â'i orddull. A beth oedd ei arwyddocâd, pa beth oedd yn digwydd yn yr olygfa? Roedd rhyw gyhuddiad yn ystum y ffigurau, cosb yn eu bysedd a bygythiad yn eu llygaid tywyll; roedd yr awyr a'u hamgylchynai

103

yr un mor annymunol a gwrthun, fel rhyw fyd afiach, rhyw fyd ar fin dod i ben. Edrychais i byllau duon llygaid y creadur ac yn wahanol i Syr Thomas synhwyrais fod yno ddioddefaint. Wedi'r cyfan efe neu hyhi—teimlwn mai benyw ydoedd—oedd gwrthrych dicter y mynaich a synhwyrwn yr ing a'r anghyfiawnder a'i gormesai. Yn wynebau caled y tri dyn cwflog gwelais bob unben a fu ac y sydd ac a fydd.

Y noson honno trois y llun yn erbyn y wal â'i gefn at allan. Ac yn ystod y nos clywais leisiau'n udo ac yn sgrechian a rhyw grawcian aflafar, clywais hefyd leisiau'n erfyn am drugaredd ac yn galaru mewn poen, a gwelais y pentwr o sgerbydau a phenglogau a welodd Parry-Williams ar un o'i deithiau.

Yn fy nirfawr ofn, gwyddwn fy mod wedi pechu'r llenor. Yn lle derbyn ei destun yn ei grynswth bu'n rhaid i mi fusnesa a cheisio mynd ymhellach nag a ddylswn gan anwybyddu'r rhybudd amlwg oedd ymhlyg yn yr ysgrif.

Mae'n debyg taw hunllef a gawswn ond nid wyf yn hollol siŵr chwaith. Beth bynnag, fore trannoeth, tynnais yr hen lun o'i ffrâm salw a'i rwygo'n ddarnau bychan, mân. Torrais y ffrâm hefyd a rhoi'r cyfan mewn cwdyn a'i gladdu yn y pridd, i gael gwared ohono.

Ond erys y perygl o weld y llun eto: dim ond argraffiad oedd hwn'na a gleddais.

TE GYDA'R FRENHINES

Cefais wahoddiad i fynd i gael te gyda'r Frenhines.
Ar y cerdyn roedd y geiriau—

Annwyl Sam,
A ddoi di i gael te yn Ianto am ddau o'r gloch yn y prynhawn, ddydd Iau yr wythnos nesaf? Byddaf yn meddwl amdanat yn aml y dyddiau hyn, yn enwedig pan fyddaf yn gwneud te neu goffi yn y gath.
    Tan yr wythnos nesaf felly,
           cofion caredig,
           Eich mawrhydihydi

Ôl-nodyn. Ffonia o'r orsaf.

Roedd ei hysgrifen yn hynod o gain. Ysgrifen Eidalaidd. Cawn gerdyn fel hwn bob wythnos, gyda'r ôl-nodyn anochel bob tro a'r gorchymyn i ffonio o'r orsaf er nad oedd gorsaf gerllaw ac ar wahân i hynny doedd dim ffôn ganddi. Beth bynnag gallwn gerdded i'r fan lle'r oedd hi'n byw o fewn chwarter awr o'm tŷ.

Hyd y gwyddwn roedd hi'n byw mewn hen gwt neu sièd lawr ar bwys yr hen ffatri ar ddarn o dir lle'r arferai tai fod ond a oedd bellach yn ardal ddiberchen, adfeiliedig, yn rwbel a cherrig a sbwriel a chwyn i gyd ond gyda golygfa hynod (ond i chi anwybyddu'r ffatrïoedd a'r hen dai hyll a'r bryntni amrywiol o boptu) o'r môr. Er gwaethaf ei hamgylchfyd a'i hamgylchiadau di-raen gallai'r Frenhines gynnal urddas anghyffredin. Gwisgai mewn dillad a welsai ddyddiau gwell, hen ffrogiau hirion melfaréd a blodau arnynt fel arfer, oedd yn ffasiynol ar ddechrau'r unfed ganrif ar hugain, yn y tridegau efallai. Gwisgai hefyd glustdlysau hirion, breichledi, modrwyau (o leiaf un ar bob bys ac ar ei bodiau hefyd), neclis a *tiara* (popeth yn *diamante* a llawer o'r gemau gwydr diwerth yn eisiau). Ei choronig a roddai iddi'r syniad ei bod hi'n rhyw fath o frenhines.

Roedd hi'n hynod o boeth pan es i i'w gweld hi ond y tu mewn i'w chwt roedd hi'n dywyll ac yn oeraidd.

—Dere mewn, Sam, dere mewn i Ianto.

Ianto oedd enw ei chwt, ei chartref.

—Rydw i'n falch o gael eich cwmni, yn falch o'ch gweld chi eto. Eiste' lawr.

—Diolch.

Roedd ei hen gadeiriau bach cul yn serfyll, felly hefyd ei bord fach. Ar y ford roedd 'na lestri te.

—Rwy wedi gwneud te yn y gath—dy gath di—d'anrheg i mi.

Roeddwn wedi rhoi tebot ar ffurf cath iddi'r tro diwethaf.

—Gymeri di ddisgled o de, Sam?

—Os gwelwch yn dda, Frenhines.

—*Lapsang soushong*, fy ffefryn i.

Cododd y tebot-gath gan arllwys i mewn i'r cwpanau bach pert blodeuog ar y ford. Ddaeth yr un diferyn o'r tebot.

—Llaeth? meddai, gan godi siwg fechan heb laeth ynddi.
—Dim diolch.
—Siwgr?
—Dim diolch.

Doedd dim siwgr yn y fowlen chwaith.
—Rwyt ti'n cymryd dy de yn gwmws fel fi, on'd wyt ti? Heb laeth a heb siwgr, meddai, ac wrth gwrs mae pawb sy'n gwybod yn iawn yn yfed *Lapsang* heb laeth—ond rwy wedi dod â'r llaeth ma's rhag ofn. Dwyt ti byth yn gwybod gyda rhai pobl. Ond mae'n amlwg eich bod chi'n gwybod yn well, on'd wyt ti?

—Frenhines, ga' i ofyn cwestiwn i chi?
—Cei.
—Pam ydych chi'n cymysgu rhwng 'ti' a 'thithau' a 'chi' a 'chithau' o hyd?
—Cwestiwn ieithyddol, o, rwy'n dwlu ar gwestiynau ynglŷn â geiriau, ac a gweud y gwir roeddwn i'n gobeithio y baset ti'n gofyn.

Roedd ei hwyneb fel hen femrwn melyn wedi crebachu ond roedd ei gwên yn blentynnaidd fel llusern.

—Rydw i'n cymysgu'r unigol, 'ti' a 'thithau', a'r lluosog 'chi' a 'chithau' neu 'chwi' a 'chwithau', er mwyn tipyn o hwyl. Rwy'n licio'r amrywiaeth.
—Rwy wedi sylwi hefyd eich bod chi'n dweud 'rwy' weithiau ac weithiau 'rydw' ac weithiau . . .
—Weithiau 'yr wyf i', weithiau 'wy i' hefyd ac weithiau 'dw i'. Yr ateb unwaith eto yw fy mod i'n licio'r amrywiaeth. Ond yn yr achos yma rwy'n licio'r gwahanol 'spîds' hefyd. Mae 'rydw i' yn

golygu rhywbeth gwahanol i 'dw i', mae'r teimlad yn wahanol. Ar wahân i hynny rydw i'n licio treisio iaith, rydw i'n licio'i 'sgriwio' hi!
—Ei 'sgriwio' hi? Pam?
—Achos mae iaith yn hen ast, hen gnawes sy'n licio cael ei defnyddio. Mae hi'n wrach, ac mae hi'n angel. Mae hi'n gerddoriaeth ac yn fwstwr ... (roedd hi'n dechrau mynd i hwyl) ... mae iaith yn hen ddiawl hocedus. Mae iaith yn ysbryd daionus. Pan ddihunais y bore 'ma fe sylweddolais fod iaith yn yr ystafell gyda mi cyn i mi agor fy llygaid hyd yn oed. Roedd iaith ar fy ngwely, roedd hi yn y gwely gyda fi, roedd hi ym mhobman. Yn y goleuni sy'n dod trwy'r ffenestr, yn y llenni, yn yr awyr, yn y gwydr; yn chwareli'r gwydr. Pan edrychais dros y môr y bore 'ma fe welais i fod iaith ar y môr ac yn y môr, ym mhysgod a dŵr a halen y môr. Edrychais 'nôl dros y ddinas a gweld yr adeiladau mawrion ac roedd iaith arnynt ac ynddynt a does neb yn y ddinas yn gallu dianc rhag iaith. Ac roedd niwl ar y môr ac roedd y niwl yn stelcian dros y môr tuag ataf fel anghenfil. Ac i'm tyb i roedd y niwl yn debyg i iaith yn mynd dros a thrwy ac i mewn i bopeth—fel'na mae iaith, hithau. Mae iaith ym mhobman. Rwy'n cael y teimlad weithiau fod popeth yn gyfrodedd ag iaith. Rwy'n cael y teimlad mai iaith yw deunydd popeth sy'n bod. Rydw i'n cael y teimlad weithiau, credwch neu beidio, rydw i'n cael y teimlad nad ydw i fy hun yn ddim byd ond iaith—dim byd ond geiriau a brawddegau. Fyddwn i ddim yn bod oni bai am iaith.

Cododd ei chwpan gwag i'w gwefusau ac yfed dracht o'i the dychmygol.

—Gadewch i ni fynd am dro yn yr ardd, Sam, meddai'r Frenhines gan godi. Ei hen ffrog hir yn creu awel, yn llusgo dros y llawr llychlyd, a'r plygiadau'n bwrw yn erbyn y ford fechan gan beri i'r llestri dincial. Agorodd y drws i'r cwt a daeth yr haul a'r gwres i mewn fel gweledigaeth. Aethon ni allan i blith y cerrig a'r chwyn—hynny yw i 'ardd' ei Mawrhydihydi.

—Glywest ti eu bod nhw wedi darganfod corff Duw mewn arch ar ben tomen sbwriel ym Mrasil?

—Naddo.

—O, do! Do! meddai hi'n ffyrnig fel petawn i wedi amau'r datganiad hwn.

—Do, meddai hi eto, a phan glywais i'r cyhoeddiad ar y radio rwy'n cofio meddwl amdanyn nhw'n dod i fwrw lawr y tai a oedd yn arfer sefyll yma lle'r ydyn ni a Ianto'n sefyll nawr. Roedd y tai wedi bod yn wag am flynyddoedd a dyma nhw'n dod i'w bwrw nhw lawr i'r llawr achos roedden nhw wedi mynd yn beryglus. A dyma nhw'n dod ac yn bwrw tŷ Nyrs Reynolds i lawr. Rydw i'n ei chofio hi'n byw yno. Hen fenyw barchus oedd hi. Ond roedd 'na gwpwrdd yn y tŷ 'na a phan gwympodd y waliau fe agorodd y cwpwrdd—a chi'n gwybod beth oedd yn y cwpwrdd 'na?

—Dim syniad.

—Sgerbwd.

—Sgerbwd?

—Ie Sgerbwd bach. Sgerbwd plentyn. Ei phlentyn hi'i hun. Roedd yr hen nyrs 'na yn ei hieuenctid

wedi cysgu gyda rhyw ddyn ac wedi cymryd arni fod yn dost am dipyn ac wedi mynd 'nôl i'w gwaith yn yr ysbyty a neb yn amau'i bod hi wedi cael plentyn ac wedi cuddio'r enedigaeth, wedi bwrw'r baban ar ei ben a stwffio'r corff i mewn i'r cwpwrdd 'na. Meddyliwch am y peth—a hithau'n nyrs!
—Ych-a-fi.
—Mae pethau fel'na'n digwydd o dro i dro. Deuir o hyd i sgerbydau bach mewn hen dai fel'na'n aml. Doedd hi ddim mor anodd i guddio genedigaethau ers lawer dydd. Ac wrth gwrs roedd gwarth plentyn anghyfreithlon yn ofnadwy. Ac yn annioddefol i bobl barchus. Dyna pam yr aeth merch John Lewis i ffwrdd. Dwedodd John Lewis ei bod hi wedi mynd i weithio mewn tre fawr dramor. Ond welodd neb mohoni'n dod 'nôl yn y gwyliau a chlywodd neb air amdani. Yna fe fu farw Mrs Lewis ac aeth John yn dost yn fuan ar ôl 'ny, doedd e ddim yn gwybod sut i goginio a doedd e ddim yn byta'n iawn. Llewygodd e mewn cyfarfod o'r Gymdeithas Er Hybu'r Syniad Bod Duw yn Bod. Bu raid iddo fynd i'r ysbyty. Wel tra oedd e yn yr ysbyty, ac yntau'n anymwybodol o hyd, roedd ei dŷ e'n dechrau mynd rhwng y cŵn a'r brain. A gwelodd rhywun lygod mawr yn yr ardd gefn. Felly aeth rhai o Flaenoriaid y Gymdeithas i mewn i'r tŷ i weld be' allen nhw'i wneud. A chlywodd Llywelyn James sŵn yn un o'r llofftydd. A dyma'r Blaenoriaid yn mynd lan gyda'i gilydd yn disgwyl gweld llwythi o lygod. Ond pwy oedd yno ond Mai Lewis, merch John Lewis. Roedd ei gwallt yn burwyn a doedd dim dannedd yn ei phen, roedd ei hewinedd fel hen grafangau ac roedd hi'n hollol

wallgof, ac roedd hi'n ddall hefyd. Ei thad oedd wedi'i chloi hi mewn stafell heb ffenestr a heb olau a hynny dros ugain mlynedd 'nôl ar ôl iddi gyffesu wrtho'i bod hi'n disgwyl plentyn gan lanc a oedd yn gweithio yn y popty—ac roedd hwnnw wedi diengyd pan ddywedodd Mai wrtho ei bod hi'n disgwyl ei blentyn.
—Oedd hi'n dal yn fyw pan agorwyd y drws i'r stafell?
—Oedd. Ond fuodd hi ddim byw yn hir wedi'ny— roedd y sioc yn ormod iddi ar ôl iddi fod mewn carchar tywyll yn byw ar friwsion a dŵr oer cyhyd.
—Beth am y plentyn?
—Ni ŵyr neb hanes hwnnw.
—Beth am John Lewis?
—Bu farw heb adennill ei ymwybyddiaeth.

Edrychodd y Frenhines yn freuddwydiol am dipyn fel petai'n gweld y gorffennol yn agos o'i chwmpas.
—Roedd 'na lawer o sgerbydau mewn cypyrddau a dan loriau yn yr Ugeinfed Ganrif, medden nhw, meddai'r Frenhines.

Edrychais innau o gwmpas, ar olion yr hen dai. Gellid gweld lle'r oedd y stafelloedd a'r drysau o hyd. Wrth wrando ar y Frenhines, a fu'n byw yn un o'r tai hyn, fe gefais y teimlad iasoer fy mod i'n clywed yr hen gerrig ar y llawr a deunydd muriau'r tai yn siarad ac yn adrodd hanesion a ddigwyddasai pan oeddynt yn sefyll.
—Pam ydych chi'n galw'ch cartref yn 'Ianto', Frenhines?
—Ianto oedd enw ty nghariad cyntaf pan oeddwn yn fachgen ar ddiwedd yr Ugeinfed Ganrif.

Daeth chwa o awel oer dros y môr.

—Gad i ni fynd i mewn i Ianto eto, meddai'r Frenhines, mae gen i rywbeth i'w ddangos i ti.

Yn ôl yn y cwt eto aeth y Frenhines at gist fechan yn y gornel. Penliniodd wrth ochr y gist a'i hagor. Roedd hi'n llawn papurau.

—Mae gweld yr holl bapurau hyn yn f'atgoffa i o ddiwedd trist y brodyr Howells.

—Be' ddigwyddodd iddyn nhw?

—Dau hen lanc oedden nhw, yn byw yn y stryd 'ma, meddai hi, fel petai'r stryd yn dal i fod.

—Harri Howells a Wiliam Howells. Llyfrgellydd oedd Harri, yr hynaf o'r ddau a chlerc neu rywbeth yn y dre oedd Wiliam. Ond roedd y ddau wedi ymddeol. Aeth Harri i orwedd pan aeth ei goesau'n wan. Deuai'r hen Wiliam i'r dre bob bore i brynu tuniau o ffa pob a'r papurau newyddion. A phrynai lyfr ambell waith. Rwy'n cofio'i weld e'n aml. Dyn bach tenau yn cerdded yn araf gan fod ei fraich yn llawn o duniau ffa pob a llwyth o bapurau. Roedd Wiliam mor gyson—deuai i'r dre bob dydd ac âi i'r un siopau a phrynai'r un nwyddau yr un amser bob dydd. Yna yn y gaeaf ddaeth e ddim. Aeth tridiau heibio heb i neb weld na chlywed siw na miw. Yna aeth criw o gymdogion i'r tŷ. Doedd neb wedi bod i mewn i'r lle ers blynyddoedd. Ar ôl curo a churo ar y drws penderfynwyd torri i mewn. Doedd yr un o'r dynion yn disgwyl gweld yr hyn oedd yn eu haros yno. Roedd y lle'n orlawn o bapurau a llyfrau wedi'u pentyrru'n golofnau trefnus, a cholofnau o duniau gweigion hefyd. Wrth i'r cymdogion fynd yn eu blaenau drwy'r tŷ fe gwympai'r cruglwythi hyn o dro i dro. Roedd hi'n amlwg fod rhywun wedi gosod maglau ynddynt. Roedd y lle'n labrinth, yn ddrysfa o'r maglau hyn a bu raid i'r dynion fynd drwy'r cyfan yn ofalus—oni bai fod criw ohonynt gyda'i gilydd buasai wedi bod yn amhosibl—a bu'n rhaid iddynt geisio darganfod y maglau cyn symud ymlaen. O'r diwedd, beth bynnag, daethon nhw o hyd i'r hen Wiliam yn farw dan lwyth o bapurau a llyfrau. Wedi'i ddal yn un o'i faglau'i hun. Roedd e wedi'u gosod nhw i ddal lladron. Ond roedd yr hen Harri yn eistedd lan yn ei wely yn disgwyl am ei bryd o ffa arferol—roedd y fath ystum erfyniol arno—ond roedd e wedi mynd yn ddall ac yn drwm ei glyw. Bu farw yn disgwyl. Heb syniad beth oedd wedi digwydd i'w frawd. Roedd y gwely yn llawn cynrhon—doedd Wiliam byth yn golchi dillad ac erbyn i'r cymdogion gyrraedd roedd y cynrhon wedi dechrau ar gorff Harri.

Roedd y Frenhines yn twrio drwy'r papurau yn y gist, yn chwilio am rywbeth. O'r diwedd dyma hi'n dod o hyd iddo ac yn dweud:

—Dyma fe, y llythyr o'n i'n mo'yn 'i ddangos i chi.

Estynnodd y Frenhines becyn o hen dudalennau a fuasai'n wyn unwaith ond a oedd wedi llwydo fel dillad y Frenhines ei hun.

—Darllenwch hwn'na, meddai hi.

—Beth yw e?

—Darllenwch e.

Hen lythyr oedd e mewn llawysgrifen aflêr, nid llaw'r Frenhines, ysgrifen rhywun nad oedd yn arfer ysgrifennu'n aml. A doedd 'na ddim dechrau iddo, roedd y tudalen neu'r tudalennau cyntaf yn eisiau. Fe ddechreuai'r llythyr yn y canol, fel petai. Dyma'r cynnwys:

. . . tri. Dwn i ddim. Dwn i ddim ble maen nhw. Maen nhw wedi tyfu, wedi mynd i ffwrdd ac yn aros bant. Dyna beth yw bod yn fam. Dwi wedi bod yn briod ddwywaith. Yr un cyntaf oedd tad fy meibion. A ti'n gwpod be wnaeth e? Roedd e wedi cael ffrae gyda'n mab iengaf achos roedd hwnnw am fynd i ffwrdd 'run peth â'i frodyr ond dim ond un ar bymtheg oedd e. Doedd ei dad ddim yn fodlon ond fe aeth y crwt. Roedd fy ngŵr i mor grac, teimlai fel methiant o dad, aeth i lawr i'r afon yn oriau mân y bore a chrogi'i hunan wrth y bont. Felly fe briodais i'r ail dro. Gwraig ganol oed o'n i ond roedd fy ngŵr newydd i ddeng mlynedd yn hŷn na fi. Ac fel mae pethau'n digwydd ro'n i wedi bod i'r dre i siopa a phan ddetho i'n ôl roedd y tŷ yn oer ac yn dawel. O'n i'n gwpod yn syth fod rhywbeth mas o'i le. Doedd fy ngŵr i ddim lawr llawr. Detho i lan llofft 'ma i ddisgwyl amdano fe. Ac yn y rhwm fach 'na sydd ar glo 'da fi o hyd bellach roedd e wedi torri'i gorn gwddwg â chyllell o'r gegin. Roedd ei waed e ym mhobman. Digalon oedd e twel achos roedd e wedi colli'i waith a dim gobaith cael dim byd arall yn ei oedran e . . .

Ar ôl i mi ddarllen y llythyr, neu'r darn o lythyr yn hytrach, gan fod ei ddechrau a'i ddiwedd wedi mynd ar goll, dywedodd y Frenhines—
—Cyd-ddigwyddiad trist ac anffodus, ontefe?

Menyw yn colli dau ŵr drwy iddyn nhw gyflawni hunanladdiad. Ond 'na fe, mae bywyd yn rhyfedd, ac ŷn ni'n byw mewn penbleth.
—Pwy oedd hi?
—Menyw oedd yn byw yn y tai hyn. Ro'n ni yn yr ysgol ar yr un pryd.
—Sut gawsoch chi'r llythyr?
—Sgrifennodd hi'r llythyr ataf fi, wrth gwrs, ar ôl i'w hail ŵr wneud amdano'i hun. Roedd hi wedi mynd i ffwrdd i fyw a doeddwn i ddim wedi clywed oddi wrthi ers blynyddoedd. Ond ar ôl y trychineb 'na doedd hi ddim yn gwpod ble i droi. Roedd ei thri mab wedi'i gadael hi fel mae hi'n dweud ar ddechrau'r darn 'na, felly sgrifennodd hi ataf fi er mwyn rhannu ei phecyn gofidiau.
—Be' ddigwyddodd iddi wedyn?
—Cafodd ei chymryd i ffwrdd i ysbyty'r meddwl ac yno y buodd hi farw hyd y gwn i.
—Oes plant 'da chi, Frenhines?
—Bu plentyn 'da fi. Merch oedd hi. Plentyn anghyffredin iawn. Ie, roedd hi'n eithriadol. Doedd hi ddim yn bert iawn gwaetha'r modd—ei thrwyn hi braidd yn fawr, fel ei thad, a'i llygaid yn llawer rhy agos at ei gilydd fel llygaid fy nhad innau. Ond roedd hi'n anghyffredin iawn a phawb yn cydnabod hynny. Awn i i gwrdd â hi o'r ysgol—pallai'n deg â mynd na dod o'r ysgol ar ei phen ei hun, hyd yn oed ar ôl iddi droi'i thair ar ddeg. Yna byddai hi'n sefyll amdanaf i bob dydd yn iard yr ysgol. Ar ei phen ei hun fel arfer, ond weithiau gyda haid o blant eraill o'i chwmpas. Ond hyd yn oed gyda thorf o blant roedd 'na ryw arwahanrwydd yn ei chylch.

Disgynnodd tawelwch fel llen yn y cwt.
—Be' ddigwyddodd iddi? mentrais.
—Aeth hi i lawr i'r pentre, ar ei phen ei hun am unwaith, i nôl neges i fi ac i bostio llythyrau—roedd hi wedi dechrau mentro ma's ar ei phen ei hun o'r diwedd—aeth i'r siopau a phostio'r llythyrau, un i'm chwaer ac un i'm cnithder. Cyrhaeddodd y llythyrau ben eu taith ond does neb wedi gweld fy merch i . . . Mae pymtheng mlynedd ar hugain ers hynny.

Estynnodd y Frenhines gwpan i mi. Nid oedd modd i mi'i gwrthod.
—Bues i'n gofidio ac yn pryderu amdani hi am flynyddoedd. Be' ddigwyddodd iddi, oedd hi'n saff, oedd hi'n fyw o hyd? Doedd yr heddlu ddim yn gallu darganfod arlliw ohoni. Bues i'n drwgdybio'r dynion i gyd. Credais ei bod hi wedi cael ei chipio. Yna newidiais fy meddwl—roedd hyn flynyddoedd ar ôl iddi fynd ar goll—sylweddolais ei bod hi wedi diflannu. Fuasai neb wedi gallu'i chipio hi liw dydd yn yr ardal 'ma, roedd pawb yn ei nabod hi'n rhy dda, a'r lle'n rhy agored. Na, roedd hi wedi diflannu. Dydw i ddim yn deall ond mi wn taw dyna ddigwyddodd iddi.

Bu'n dawel am funud â golwg bell yn ei llygaid.
—Ond rwy'n dal i'w disgwyl hi'n ôl. Dyna pam rwy'n gwrthod symud o'r lle 'ma er eu bod nhw wedi bwrw'r tai lawr.

Yn fuan wedyn daeth yr ymweliad i ben. Rwy'n edrych ymlaen at yr un nesaf, bellach, pan fydd y storïau'n wahanol unwaith eto.

CNAU CELYD

Stori Fer Deuluol ar gyfer y Nadolig

—Nadolig Llawen! Carys Lloyd fu'n darllen y newyddion. Mae hi'n un-ar-ddeg o'r gloch, meddai'r llais penfelyn, ac rydych chi'n gwrando ar Radio Cymru ar y pumed ar hugain o Ragfyr! Ac yn awr dyma Bob Strebor-Roberts gyda rhifyn arbennig o'i raglen wythnosol 'Lawr Fy Nhrwyn'.

—A dyma hi ar ein gwarthaf 'to, Rhen Ddolig. Yntydynhw'n symud 'nagosachgosach atigilydd, dwch? Unarolyllall. Prin bod dyn yn cael amser i ddwad ato fo'i hun ar ôl yr un cyn bo paratoada at run nesa ar y gweill. Acyntydynhw'n dechra'n gynharach bob blwyddyn, dwch? Wyddoch chi be'? Gwelishi gardia a thrimins Dolig ar werth yn ein cangen leol o Ŵlwarths 'nôl ym mis Ebrill 'leni, do wir. Yr holl hwyl a darpariaetha at gael hwyl yn codi pendro ar ddyn. Mamon a masnach ydi meistri'r tymor hwn bellach, a Gŵyl y Saith Pechod Marwol. Yr holl siopa â'r awyr yn llawn o ryw hen ganeuon Americianaidd bondigrybwyll; Lityl Donci, a rhyw gân sy'n mynd 'Parympapympym' o hyd, hen gân ddcincodus wir. Pryd daw pobol at eu coed, dwch? Ac nid at eu coed Dolig sy gen i chwaith. Erstalwm, pan o'n i'n hogyn bach yn hen bentra Llansgrial, 'na gyd byddan ni'n ei gael fyddai llond dwrn o gnau celyd, tansiarin wedi'i lapio mewn papur arian, a cheiniog neu ddwy yng ngwilod yr hosan . . .

Diffoddodd Blodeuwedd yr hen lais undonog negyddol. Tawelwch. Dyma'r unig ysbaid o dawelwch a gawsai ers i'r gefeilliaid ddeffro'n blygeiniol a dechrau ymladd dros eu hanrhegion.

Ond roedd hi newydd orffen y dorth gnau ac yn barod i'w rhoi yn y ffwrn i'w rhostio. Roedd hi'n gampwaith, llongyfarchai'i hunan, cystal â'r goeden Nadolig. Ni chawsai neb ei helpu â'r goeden. Hen goeden artiffisial oedd hi a'i changhennau'n plygu ac fe'i cedwid gan Blodeuwedd yng nghefn y ddillatgell—fel y mynnai Lewis, ei gŵr, a oedd yn burydd rhonc, alw'r wardrôb. Roedd hi wedi cyfuno addurniadau newydd a brynasai yn ddiweddar â hen addurniadau a fu yn ei theulu ers blynyddoedd. Edrychodd ar y goeden drwy gil y drws—doedd hi ddim eisiau mynd 'nôl i'r lolfa lle'r oedd Lewis a'r gefeilliaid yn gwylio *Miracle on 34th Street* ar y teledu. Gallai Blodeuwedd weld y peli brau yn disgleirio ar y canghennau, eu hwynebau crwn (porffor, glas glas-y-dorlan, lliw perlau) o dan y goleuadau trydan, y rheina ar lun blodau bach melyn, coch, gwyrdd a glas. Tinsl yn amgylchynu'r canghennau fel siani flewog ariannaidd anferth; darnau o bres, aur ac arian yn cynnwys siocled. Pethau newydd oedd y rhain, a dyna'r hen bethau. Dau ddyn eira boldew â thrwynau coch fel Twidl-dwm a Twidl-di yn gwisgo hetiau sidan; angylion bach gwallt melyn yn canu carolau; Siôn Corn ar ei sglefr, Rwdolff yn ei dynnu; sêr amryliw a llwch amryliw arnynt yn gwneud iddynt befrio; parseli papur bychain wedi'u clymu â rhubanau. O dan y goeden safai coeden fach ffug arall, yn gwmws fel yr un fawr, ac o dan honno safai coeden fechan arall. A hoffai Blodeuwedd ddychmygu un arall o dan honno, ac un arall, ac yna un arall, hyd dragwyddoldeb. Ac ar ben y goeden fawr, yn wahanol i bawb arall—nid angel, nid un o'r tylwyth teg, na seren chwaith, eithr tylluan. Tylluan wedi'i gwneud o gregyn bach. Cragen am bob pluen ar ei brest, a chregyn am blu'i hadenydd. A diemwntiau ar gyfer ei llygaid, darnau o wydr anferth, mewn gwirionedd. Gellid tynnu'r rhain o'i phen ac edrych drwyddynt a throi pobun yn lleng a throi'r byd yn galeidasgôp.

—Lîp-lîp. Lîp-lîp. Canodd y ffôn i'w deffro o'i synfyfyrion. Ni syflodd neb arall.

—Ie, hylô?

—Goronwy sy 'ma.

—Nadolig Llawen, meddai Blodeuwedd, ond ti'n swnio'n llwm iawn.

—Llwm? Wel, beth wyt ti'n ddisgwyl yr amser hyn o'r flwyddyn? Peth teuluol yw'r Nadolig, er bod saith deg pump y cant o bob llofruddiaeth yn digwydd o fewn y teulu, a saith deg pump y cant o holl lofruddiaethau'r flwyddyn yn digwydd adeg y Nadolig. Felly, y peth doethaf i'w wneud yw osgoi dy deulu adeg y Nadolig a bod fel fi—ar dy ben dy hun.

—Ar y llaw arall gelli di ladd dy deulu cyn iddynt dy ladd di, meddai Blodeuwedd, ond paid â bod fel'na. Dere draw aton ni yn y prynhawn, ar ôl cinio, fe gawn ni chwarae siarâds.

—Wel paid â disgwyl unrhyw gardiau nac anrhegion. Rhyngot ti a fi, f'arwr mawr i yn hanes y Nadolig yw'r Brenin Herod.

—Esgusoda fi, mae'r plant yn ffraeo 'to. Rhaid imi fynd.

Nawr roedd hi'n teimlo'n hapusach. Ei hen ffrind o'i dyddiau ysgol oedd Goronwy, ond roedd e'n dân ar groen Lewis, a'r merched.

*   *   *

—Be' gawsoch chi fel anrhegion eleni? gofynnodd ei mam-yng-nghyfraith ar y ffôn ychydig yn ddiweddarach.

—Lot o bethau. Cafodd Meinir gyfrifiadur newydd a gêmau i'w chwarae arno, a chafodd Einir gyfrifiadur newydd a gêmau i'w chwarae arno. Cafodd Lewis bentwr o lyfrau: *Les Enfants du Limon*, *Lost in the Funhouse*, *Dirgel Ddyn*, *Y Byw Sy'n Cysgu* argraffiad cyntaf, *Monica* argraffiad cyntaf. A ches i *Rhigolau Bywyd* Kate Roberts a *Slaves of New York* gan ryw ferch ag enw estron. A hefyd ces i set o sosbenni newydd a phethau i'w defnyddio yn y gegin. Dwi'n coginio torth o gnau yn un ohonynt ar hyn o bryd.

—Wel, mae'n swnio'n gyffrous iawn. Ydy cigymwrthodwyr yn cael cymaint o hwyl gigymwrthodol ym mhob un o'u cartrefi ym Mhrydain heddiw, ys gwn i? meddai ei mam-yng-nghyfraith yn ddeifiol.

—Ydyn, dwi'n siŵr eu bod nhw, meddai Blodeuwedd yn oeraidd. Cei di siarad â'r merched a Lewis nawr.

*   *   *

—Diffoddwch y symudlunflwch, meddai Lewis yn y prynhawn ar ôl cinio.

—Dad, dwi eisiau watsio'r *Sound of Music*, meddai Einir, '*Doe a deer a female deer*'!
—Ych-a-fi, ddim yn y tŷ hwn, meddai Lewis.
—Na, dwi ddim eisiau'r hen ffilm stiwpid 'na chwaith, meddai Meinir, dwi eisiau gweld *The Wizard of Oz*, '*Follow the yellow brick road, follow, follow, follow . . .*'
—Na, dim Saesneg.
—Ewch lan i'ch llofft i chwarae, meddai Blodeuwedd.
— Wel, am Nadolig meddai Lewis, y teulu ar chwâl o fewn yr un tŷ.
—Ystyria fy nerfau, meddai Blodeuwedd.
—Dim esgus chwalu'r uned deuluol ar y Nadolig.
—Dewch 'nôl blant, galwodd Blodeuwedd rhwng ei dannedd. Man a man i chi aros 'ma, mae d'wncwl . . .
—D'ewythr, cywirodd Lewis.
—D'ewythr Goronwy yn dod draw yn nes ymlaen.
—Ac fe gawn ni siarâds a phasiwch yr oren. Yr un hen lwybr bob blwyddyn fel arfer, meddai Meinir.
—Goronwy'r hen rech, meddai Einir, caiff e stwffio'r blydi oren . . .
—Mae'n well 'da fi siarad yn hytrach na siarâds, meddai Lewis.
—Lewis, dwi wedi blino'n gortyn, meddai Blodeuwedd.
—Wel, beth am gwpaned o de llysieuol? Camri, Llysiau'r Gwewyr, Triagl y Cymro?
—Iawn, meddai Blodeuwedd yn ddiddeall.

*   *   *

Roedd Lewis yn cysgu a'r gefeilliaid yn pendwmpian. O'r diwedd, meddyliai Blodeuwedd.
—Dwi wedi bod yn breuddwydio, meddai Meinir.
—A finnau, meddai Einir. Am be fuest ti'n breuddwydio?
—Amdanat ti, roet ti'n cysgu ac yn breuddwydio amdana i.
—'Na beth od, meddai Einir. Ro'n i'n breuddwydio amdanat ti'n breuddwydio amdana i.
—Ust, mae dy dad yn cysgu'n sownd, meddai Blodeuwedd, ac mae e'n breuddwydio amdanoch chi'ch dwy, ond tasa fe'n deffro b'asech chi'n diflannu, chwap.
—*Ditto*, meddai Einir.
—*Ditto ditto!* meddai Meinir.
—Ond, cofiwch, mae rhaid i rywun freuddwydio amdano fe. Cerwch 'nôl i gysgu am dipyn chi'ch dwy, meddai Blodeuwedd.

*   *   *

Canodd cloch y drws ac aeth Blodeuwedd i'w ateb.
—Parti, parti! meddai Goronwy gan chwifio potel o siampên yn yr awyr ac yn chwythu chwisl papur a roliai i fyny fel tafod madfall.
—Dwyt ti ddim i fod i ddathlu'r Nadolig.
—Pwy sy'n dathlu'r Nadolig? Dathlu'n gyffredinol ydw i. Ble mae pawb? Mae hi fel y bedd 'ma.
—Maen nhw i gyd yn cysgu.
—Wel cer i'w deffro nhw 'te.

—Ddim cysgu fel'na, meddai Blodeuwedd, mor oeraidd â'r barrug ar y ffenest.
—Beth wyt ti'n feddwl 'ddim yn cysgu fel'na'?
—Wel, nid cysgu i ddeffro, meddai Blodeuwedd. Dwi wedi rhoi gwenwyn iddyn nhw yn y dorth gnau.
—Jocan wyt ti, meddai Goronwy, ei chwerthiniad mor frau â'r peli lliwgar ar y goeden.
—Ie, jocan o'n i, meddai Blodeuwedd, ei llais mor undonog â Bob Strebor-Roberts. Beth am i ni'n dau chwarae siarâds nes i'r lleill ddihuno? meddai, ei llygaid mor wydraidd â llygaid y dylluan ar ben y goeden Nadolig.

Y FFROGIAU

Maint Camp

—Gloria rwyt ti'n gampwaith, yn bictiwr, yn eilun, meddai Tecwyn wrth ei ddelw ei hun yn y drych. Ac yn wir, roedd y trawsffurfiad ohono yn wironeddol syfrdanol, ni fuasai'i fam ei hun yn ei nabod. Yn lle'i wallt brith, tenau, seimllyd ei hun yn coroni'i ben roedd pentwr o gyrlau aur; yn lle'i ruddiau pantiog llwyd roedd ganddo fochau cochion meddal fel eirin; yn lle'i wefusau llinellsyth, roedd ganddo ddau fwa coch, a siffrydai a sbonciai'i amrannau fel dwy bili-pala, du anferth.

—Gloria, meddai wrtho'i hun-ar-ei-newydd-wedd eto, Gloria, tasai Harrison Ford yn dy weld ti nawr basai fe'n dy gymryd yn ei freichiau mawr cyhyrog ac yn dy wasgu yn erbyn ei frest flewog ac yn dy gusanu â'i wefusau chwyslyd.

Ar hynny canodd y ffôn.

—Hylô, Glor . . . Tecwyn yn siarad.

—Ti'n barod?

—Wynn! Cariad, sut wyt ti?

—Gwych, cariad.

—A finnau, dwi'n barod. Ond cofia, smo fi wedi mynd i lot o drafferth.

—Nag wyt ti?

—Nag 'dw. Smo fi'n gwisgo lan 'leni. Gadewch i'r to newydd wneud, yntefe?

—Yn union. Wedi'r cyfan, eu tro nhw yw e nawr. 'Dyn ni wedi gwneud ein dyletswydd.
—Wedi talu'n dyledion.
—Wedi bod trwy'r felin.
—Wedi brwydro brwydr deg, ac yn y blaen. 'Na gyd dwi mo'yn yw mynd ma's am dipyn o hwyl dawel gyda hen ffrindiau.
—A finnau, ond llai o'r 'hen' 'na. Ti'm ond mor hen â'r llanc ti'n ei deimlo.
—Ie. Ydy Elfed yn mynd heno, wyt ti'n gwbod?
—O, siŵr o fod.
—Ydy fe'n gwisgo lan?
—Faswn i ddim yn meddwl. Teimlo fel ti a fi ma' fe. 'Dyn ni gyd yn yr un cwch.
—Eitha gwir ond fi yw Tallulah Bankhead, cofia.
—Wedi'r cyfan, aeth Wynn yn ei flaen, roedd Elfed yn ddigon bodlon pan enillodd y wobr am y ffrog orau am y drydedd flwyddyn yn olynol y llynedd.
—Oedd. (Fel petai rhaid ei atgoffa fe o hynny.)
—A phan enillais i'r tro diwethaf, penderfynais ''Na fe, smo fi'n mynd i gystadlu 'to, dwi'n ddigon hapus.'
—Mae'n gas gen i gystadlu, yn bersonol, meddai Tecwyn gydag eneiniad.
—Noson o hwyl dawel amdani 'te. Gwela i di nes ymlaen, hwyl.
—Hwyl, Wynn.
—Hwrê! meddai Gloria wrth roi'r ffôn lawr. Dwi'n siŵr o ennill eleni, siŵr o ennill, os nad yw Wynn ac Elfed yn mynd i wisgo lan. A hyd yn oed tasen nhw, fasen nhw ddim wedi dod o hyd i ffrogiau i guro hon, meddai gan sodro broets *diamante* ar ffurf

madfall dieflig yr olwg gyda llygaid cochion, ar ei fron aswy ffug.

Edrychai Gloria arni'i hun yn y drych gydag edmygedd digymysg. Yn wir roedd y ffrog yn ysblennydd. Yn un peth roedd hi'n dynn ac anwesai'i gorff (a oedd yn dal i fod yn siapus er gwaethaf ei bum mlwydd a deugain, dim ond ichi anwybyddu'i byramid o fol). Roedd y ffrog yn ddu ar wahân i siâp ôl dwylo dros y bronnau ffug a ymwthiai allan o'i flaen fel bra pigog Madonna—roedd y dwylo hyn yn aur. Aur hefyd oedd ei sgidiau sodlau uchel, ei glustdlysau, y mwclis am ei wddwg a'i ewinedd crafanglyd hirion (ffug). Aur i gyd. Aur a du.

—Gobeithio 'mod i ddim yn rhy *tacky*, meddyliodd.

Ond y peth mwyaf trawiadol am y ddiwyg oedd y ffaith nad oedd dim cefn iddi gwerth sôn amdano. Yn wir, roedd cefn Tecwyn yn noeth reit lawr i ddechreubwynt cwm ei ben ôl.

Thema'r ddawns y flwyddyn honno oedd 'Afiechydon', felly rhaid iddi feddwl am enw afiechyd; pa afiechyd oedd hi'n mynd i fod? Dyna ddiddorol, on'd yw enwau afiechydon yn swnio'n ddyrchafedig, aruchel, fel enwau duwiesau Groegaidd, ond ichi beidio â meddwl am yr afiechydon a'r dioddefaint sy'n gysylltiedig â'r geiriau. Mater o ddatgysylltu'r ystyr oddi wrth y gair oedd e. Ffrydiai'r enwau i'w phen. Gallai fod yn Dispepsia neu Anorecsia, Peritoneitis (na, roedd 'na dinc gwrywaidd yn perthyn i'r enw hwnnw, yn eironig iawn). Beth am Acne? Na. Rhy gwta a diymhongar. Glocoma—byddai'r enw hwnnw yn adleisio'i llysenw—Gloria. Ond, na. Ddim yn ddigon gwych, roedd yn chwilio

am rywbeth rhodresgar. Tinitws, Hystarectomi, Fasectomi, Hemaroidectomi—na, roedd yr un olaf yn temtio rhagluniaeth, yn cofleidio gofidiau. Yna, o'r diwedd, ac yntau'n eistedd yng nghefn y tacsi ar ei ffordd i'r Neuadd Goffa ar gyrion y ddinas lle roedd y ddawns yn cael ei chynnal, daeth fflach o ysbrydoliaeth. 'Catatonia!' Gwaeddodd y gair. Edrychodd y gyrrwr arni yn y drych. Y fath hyder yr oedd tipyn o golur, mwclis, gwallt gosod a ffrog yn ei roi i ddyn. Syllodd Gloria yn ôl yn bowld.
—*I may not be everyone's cup of tea, but I'm someone's Tia Maria*, meddai Gloria.

Gwyddai Gloria, neu Catatonia fod y gyrrwr yn gwybod yn iawn taw dyn wedi'i wisgo fel menyw-o-ryw-fath oedd e, ond gwyddai hefyd yr anwybyddai gyrrwr tacsi o'r iawn ryw unrhyw anghonfensiynoldeb er mwyn ffêr a childwrn sylweddol.

Eisteddai Tecwyn, Gloria, Catatonia yn ôl yn gyfforddus yn y sedd gan ymlacio. Meddyliai am ei ffrindiau, ei hen ffrindiau annwyl. Wynn (neu Sylfia) ac Elfed (neu Tania). Triawd anghyffredin iawn, a'r anghyffredinedd yn eu rhwymo nhw wrth ei gilydd. Tri Chymro Cymraeg. Tair Drag Cwin. Tri o wŷr o Sodom a Chaerdydd. Cyfarfuont yn ôl yn niwloedd gleision y gorffennol yn eu hugeiniau cynnar pan oedd popeth yn anghyfreithlon ac yn beryglus ond yn gyffrous. Fel Cymry Cymraeg safent gyda'i gilydd yn erbyn gormes y Saeson a'r di-Gymraeg, fel dynion hoyw safent gyda'i gilydd yn erbyn gormes dynion a menywod heterorywiol, fel drag cwins safent yn erbyn gormes yr hoywon eraill. Aethant ar orymdeithiau di-rif i ddatgan eu balchder ac i herio'r drabs, 'y drabiaid' chwedl Tania. Gorymdeithiasant drwy strydoedd Llundain yn y saithdegau er mwyn dathlu llacio'r hen gyfreithiau. Gorymdeithiasant drwy strydoedd dinasoedd eraill yn yr wythdegau i wrthdystio yn erbyn erledigaeth; strydoedd Lerpwl, Manceinion, Sheffield, Brighton, a Chaerdydd (ar ôl hir ymaros). Ac yna aethant i gyfarfodydd i ddal canhwyllau yn y tywyllwch o ail hanner yr wythdegau ymlaen, er cof am ffrindiau eraill.

Ond y dawnsfeydd fu eu prif bleser. Tri dyn hollol gyffredin a pharchus yn eu bywydau beunyddiol drwy'r wythnos; athro ysgol, deintydd a pherchennog siop bapurau, yn cael eu trawsffurfio ar y penwythnosau gan fendith y mamau yn dduwiesau arallfydol. Wrth gwrs fyddai'r drabiaid ddim yn deall y peth; bydden nhw'n meddwl taw ceisio bod yn fenywod oedd eu hamcan, heb amgyffred ias y trawsffurfiad, teimlad y defnydd tynn yn erbyn y croen, swyn yr ymbincio a'r coluro, y profiad o orfod syllu drwy amrannau oedd yn ddu ac yn dew ac yn drwm dan fascara, ac yn wobr am y cyfan, yr holl sylw a gaent yn y clybiau. Siaradai pawb â nhw; y bechgyn y tu ôl i'r bar, y dynion mewn lledr, y bechgyn ifainc pert, y ffug-ddrabiaid, hyd yn oed rhai o'r Lesbiaid. Ni fyddai neb yn eu hanwybyddu. A chan fod y newid allanol yn cael ei drosglwyddo i'r ysbryd mewnol byddai'r tri ohonynt yn magu hyder nad oedd yn perthyn iddynt yn eu bywydau llwydaidd beunyddiol. Yr hyder i siarad yn uchelgloch, i weiddi, i chwerthin, i bryfocio a bod yn ffraeth i unrhyw sylw a throi unrhyw sefyllfa yn ddŵr i'w melin. Ac roedden nhw'n chwiorydd yn erbyn y byd, doedd dim a allai chwalu'u cyfeillgarwch. Roedd y tair gyda'i gilydd yn beryglus. Un tro daethai criw o fenywod o'r Cymoedd i'r clwb mewn hwyl feddw a dechrau pwffian chwerthin am eu pen nhw. Sôn am gamgymeriad.

—'Co rhain, meddai Tania, dillad posh a dim nicars.

—Beth wyt ti'n iwsio i siafo dy ben ôl, cariad? gofynnodd Sylfia i un ohonyn nhw.

—Ti wedi bod yn greadigol iawn â'r hen lenni 'na, cariad, meddai Gloria gan deimlo deunydd un o'u ffrogiau.

Doedd a wnelo bod yn fenywod ddim â'r peth. Roedd yn gas ganddynt ffeministiaid cwynfanllyd. Dim ond rhan o'r byd mawr heterorywiol oedd yn eu gormesu oedden nhw, wedi'r cyfan. Cofiai Gloria un tro pan ddaeth criw o ffeministiaid i un o'r clybiau a sbwylio'r cyfan am fod dynion mewn drag yn iselhau ac yn sarhau menywod, medden nhw.

—'Sneb yn dweud dim amdanyn nhw'n gwisgo fel dynion, meddai Tania.

Gwir, doedd dim llawer o gyfathrach rywiol yn eu bywydau, prin iawn oedd y rhai cinci fyddai'n dymuno cysgu gyda'r un ohonyn nhw, ac yn sicr doedden nhw ddim yn ffansïo'i gilydd, ond fel y dywedai Tania, hyd syrffed bron, 'Mae tipyn o ddrag yn dipyn o ddryg'. Ac roedd y tri ohonyn nhw'n gaeth i'r cyffur.

Ond roedd un peth yn bwyta perfeddion Gloria. Bob blwyddyn ers dros ddeng mlynedd cynhelid

Dawns Ddrag fawr ar gyrion y ddinas, gyda gwobr arbennig, Tarian Arian, am y wisg orau a theitl 'Brenhines y Ddinas'. Er bod y ddawns ei hun yn boblogaidd, prin iawn, fel arfer, oedd y rhai a wisgai i fyny er mwyn cystadlu. Enillasai Wynn unwaith ac enillasai Elfed deirgwaith—ac onid oedd y ddau'n hoff o'i atgoffa o'u buddugoliaethau? Ond yn ei chalon gwyddai Gloria taw hyhi oedd y Frenhines orau o bell ffordd, hi oedd y Frenhines go-iawn, a dim ond trwy lwc roedd y ddwy arall wedi llwyddo i gipio'r Goron oddi ar ei phen bob tro. Bob tro y daethai'n ail onid oedd pawb yn y ddawns wedi dod ato'n gyfrinachol a sibrwd yn ei chlust eu cydymdeimlad? 'Ti ddylsai fod wedi ennill, Gloria.'
—Eleni yw fy mlwyddyn i, meddai wrth dalu'n hael i'r gyrrwr tacsi, eleni dwi'n mynd i gipio'r wobr a phrofi unwaith ac am byth taw y fi yw'r Frenhines orau. A hi fydd buddugoliaeth y buddugoliaethau.

Gwenodd y gyrrwr yn wawdlyd cyn cau'r drws ac i ffwrdd ag ef.

Ar ei ffordd i mewn i'r Neuadd cerddodd haid o lanciau bygythiol tuag ati. Drabiaid peryglus.
—*Where's the party*? gofynnodd un gan sefyll o'i flaen. Ond gwthiodd Catatonia ef o'r neilltu'n ddirmygus. Ar ei newydd wedd roedd hi'n anorchfygol.

—*What party*? poerodd y geiriau o'i gwefusau rhuddgoch.

Camodd i mewn i'r Neuadd gan ddal sylw pawb.
—Dyna'r effaith o'n i'n bwriadu'i chael, meddyliodd, mae'n bwysig gwneud argraff o'r dechrau.

Roedd y Neuadd hon yn chwerthinllyd, hyd yn oed i chwaeth Gloria; paentiwyd y waliau yn binc cyn y Dilyw. Dyddiai'r celfi ffug-ledr o'r saithdegau —ond roedd golwg wedi dyddio arnyn nhw pan oedden nhw'n newydd sbon. Ar dair o'r colofnau roedd lluniau anferth o ddynion *Chippendale*-aidd yn gwisgo dim ond tei bwa. Yn hongian o'r nenfwd ac yn troi yn ddi-baid roedd peli anferth o wydr pefriog. Roedd y gerddoriaeth mor ddyddiedig â'r celfi Abba, Gloria Gaynor, Donna Summer. Buasai Gloria'i hun wedi dewis pethau mwy henffasiwn byth hyd yn oed; Eartha Kitt, Lena Horne, Della Reese. Roedd y Neuadd yn eithaf llawn yn barod er ei bod yn gynnar. Dynion i gyd ac roedd y rhai mewn drag yn druenus. Chwarddodd Catatonia yn ei chalon.

—Dim siawns corgimwch mewn *thousand island dressing*.

Wrth gwrs, roedd pawb yn ei alw wrth yr hen enw Gloria. 'Catatonia! Catatonia!' cywirai nhw.

Roedd pawb yn syllu arno, yn rhyfeddu at wychder beiddgar ei gwisg. Gwyddai fod y beirniaid yn cuddio yn y dorf a'u bod yn siŵr o fod wedi sylwi arni gan fod pob pen wedi troi ati, ac eithrio ambell gystadleuydd sbeitlyd a chenfigennus.

—Mor braf yw gweld eiddigedd ar wynebau bach hyll, mae'n wobr ynddi'i hun, meddyliodd.

Aeth at y bar, at y llanc mwyaf golygus a weinai y tu ôl iddo ac archebu *double bloody Mary*, llyncu hwn'na ar ei dalcen ac archebu un arall gan gilwenu'n hyf ar y bachgen. Yn ddirybudd tynnodd Catatonia'r dyn ifanc ati gerfydd ei dei bwa, dros y bar, ac er nad oedd e yn deall gair o Gymraeg dywedodd hi: 'Dwi'n mynd i ennill heno,' gan sodro clamp o gusan goch ar wefusau'r crwtyn. Roedd ganddi gynulleidfa a chwarddai a hwtiai'r dynion lledr eu cymeradwyaeth.

Roedd Catatonia ar fin gwneud un o'i dynwarediadau enwog a phoblogaidd o Mae West neu Tallulah Bankhead pan aeth si drwy gorff y dorf fel ias a throes bawb at ddrws y Neuadd. Collasai Catatonia'r holl sylw a throes y si yn 'W' ac yna'n 'A'! Roedd rhywun neu rywrai yn dod trwy'r drws a rhywsut roedden nhw wedi achosi cynnwrf cyn dod trwyddo.

Yna gwelodd Tecwyn ddwy weledigaeth. Y naill yn wyn i gyd a'r llall yn ddu. Roedd y ffigurau yn drawiadol o dal. Dyma ddau ffigur o'r ddeunawfed ganrif—menywod o *The Draughtsman's Contract* neu *Dangerous Liasions*, ond popeth wedi'i orwneud i'r eithaf. Ymwthiai'r ffrogiau allan ddwy droedfedd o'u blaenau a llusgent chwe neu wyth troedfedd y tu ôl iddynt. Diferai'r deunydd gan fwclis a secwins a *diamante*, y naill yn wefreiddiol o dywyll a'r llall yn llachar o wyn. Ar ben y ddau ffigur sodrwyd y perwigiau talaf a chywreiniaf a welwyd erioed, yn rholiau ac yn fwâu i gyd. O flaen y wynebau fflytrai dau ffan; un gwyn yn llaw'r ffigur mewn gwyn ac un du yn llaw'r ffigur mewn du. Plygai'r ffigurau i gydnabod yr holl sylw a ddenid atynt o bob tu.

Yn sydyn roedd y ddau yn symud tuag ato fel dwy long mewn hwyliau. Ac er gwaethaf y plastr o golur, y gwefusau dugoch a'r holl wrid gosod, a'r smotiau, roedd Tecwyn yn eu hadnabod yn syth.

—Ond doedden nhw ddim yn mynd i wisgo lan

eleni medden nhw. Doedden nhw ddim yn mynd i gystadlu.

Gafaelodd Elfed yn nwylo Tecwyn mewn cyfarchiad—roedd pob llygad ar y tri ffigur—gan smalio sodro cusan ar bob o foch, ond gan gusanu'r awyr cyn i'r gwefusau gyrraedd y cnawd mewn gwirionedd. Safai Tecwyn yn syfrdan pan ollyngodd Elfed ei ddwylo. Yna gafaelodd Wynn yn ei ddwylo a mynd trwy'r un ddefod yn union.
—Ma en nhw wedi 'nhwyllo i, meddyliodd Tecwyn, wedi 'nghamarwain yn fwriadol.

Elfed oedd y cyntaf i siarad.
—Ti'n edrych yn lyfli, cariad, meddai yn nawddoglyd.
—Pa salwch wyt ti, Glor? gofynnodd Wynn ond cyn iddi gael ateb aeth Wynn yn ei flaen.
—Ro'n i wedi meddwl dod fel Catatonia ond roedd Tania wedi dewis yr afiechyd hwn'na. Felly, dwi wedi newid—dwi'n Dementia. Beth wyt ti?
—Alwpisia, meddai Tecwyn, Gloria, Catatonia heb feddwl ond yn gyflym, ac yna meddyliodd am y moelni o dan ei wallt gosod. Gwnaethai gamgymeriad, roedd e wedi cysylltu'r ystyr â'r gair.

Newidiodd yr olygfa eto. Roedd pawb yn siarad â Wynn ac Elfed, yn chwerthin ac yn eu llongyfarch ac yn canmol eu gwisgoedd. Ond ni allai Tecwyn siarad, safai yn syn a sylwai neb arno. Petasai wedi dodi bag papur dros ei ben sylwasai neb. Roedd e wedi diflannu, roedd Dementia a Catatonia wedi cymryd drosodd. Roedd y ddwy wedi diffodd cannwyll ei bodolaeth dan eu ffaglau fflamgoch tanboeth eu hunain. Doedd dim pwrpas i frenhines nad oedd neb yn sylwi arni.

Newidiodd ysbryd Tecwyn eto. O fod yn fud, mudlosgai. Roedd e'n ddig, roedd e'n grac.

—Maen nhw wedi 'nghamarwain i. Maen nhw wedi 'mradychu.

Aeth Gloria at y bar ac yfed un *bloody Mary* ar ôl y llall. Siaradai â hi'i hun. Siaradai â'i diod. Siaradai yn ei diod. Siaradai'r ddiod.

—Bastads. Ffycin bastads. O'n nhw'n gwbod y baswn i wedi gwneud mwy o ymdrech taswn i wedi cael gwbod eu bod nhw'n mynd i gystadlu. Bastads tan din. Maen nhw wedi bod yn gweithio ar y ffrogiau 'na ers wythnosau, misoedd 'fallai. 'Na, smo fi'n gwisgo lan 'leni.' Hen fitsh. 'Digon bodlon, ddim yn licio cystadlu, noson o hwyl dawel.' Stiwpid ffycin cow! Wel, dwi wedi cael digon, dwi ddim yn mynd i ddiodde hyn. Maen nhw wedi 'nhwyllo i er mwyn gwneud yn siŵr eu bod nhw'n ennill. Maen nhw wedi mynd i gymaint o drafferth. Rhaid bod y wigiau 'na wedi costio cyflog Elizabeth Taylor. Y ffycin diawliaid. Dwi wedi rhoi oes o gyfeillgarwch ffyddlon i'r ddwy ast 'na. Wel, smo fi'n mynd i siarad â nhw byth 'to.

Roedd hi wedi gweiddi i'w fodca, ond sylwodd neb. Roedd pawb yn edrych ar Catatonia a Dementia yn hwylio tua'r llwyfan.

Roedd Gloria mewn galar am y ffrindiau ac am y cyfeillgarwch a fu farw y noson honno.

—Pa ffrindiau? Does dim ffrindiau 'da fi, dwi wedi cael 'y nhwyllo ar hyd fy oes. O'n i'n meddwl amdanyn nhw fel chwiorydd, a be' dwi wedi gael?

Brad. A does 'da fi'r un ffrind yn y byd. Cyfeillion, beth y'n nhw, does 'da fi grap ar ystyr y gair.

Pan gododd Gloria ei phen o'i diod sylwodd fod Wynn ac Elfed yn sefyll ar y llwyfan, yn dangos eu hunain, yn gwenu'n falch ac yn godro edmygedd a chymeradwyaeth. Ac ar y llwyfan hefyd, y tu ôl i'w ffrogiau llydan, safai'r beirniaid a Tharian Arian Brenhines y Ddinas.

—Na! Maen nhw'n mynd i gystadlu! Ond fe wnaethon nhw addo na fydden nhw byth yn cystadlu eto! Maen nhw wedi torri'u gair yn gyfan gwbl!

Rhwng y llwyfan a'r bar, lle safai Gloria un eiliad, roedd hanner canllath—ond saethodd Gloria dros bennau'r dorf dros y pellter hwnnw cyn gyflymed â chath â phrocer crasboeth yn nhwll ei thin. Ac ar y llwyfan gafaelodd yn y wigiau, crafu'r wynebau a rhwygo'r llathenni o ddefnydd—a thynnu'r ddau arall i lawr ar fyrddau'r llwyfan gerfydd eu clustdlysau.

Ond roedd yr adwaith a'r amddiffyniad yr un mor ffyrnig. Rhwygwyd ffrog Gloria yn un darn oddi ar ei chorff nes ei fod yn ymaflyd codwm ar lawr y llwyfan â'r ddau arall heb yr un pilyn amdano, heb iddo sylweddoli.

Roedd y gynulleidfa'n mwynhau'r ornest, gwylient y gwallt a'r blew a'r gwaed a'r dillad a'r tlysau yn un gybolfa amryliw, gan floeddio'u cymeradwyaeth. Yna daeth tri bownser i ymddihatru'r tri y naill oddi wrth y llall.

Safai Elfed a Wynn mewn gwaed a dagrau ac ym mreichiau'i gilydd, yn cysuro'i gilydd ac yn galw Gloria yn 'Hen fitsh genfigennus' rhwng eu dannedd.

Eu dillad crand yn hongian amdanynt yn rhacs. Am eiliad safai Tecwyn, yn ddyn bach penfoel, boldew, yn borcyn ar ganol y llwyfan nes i un o feirniaid y gystadleuaeth daflu côt amdano i guddio'i gywilydd.

Roedd un o'r bownsars yn arwain Gloria i lawr o'r llwyfan pan aeth popeth yn goch. Mewn chwinciad gafaelodd yn Nharian Arian Brenhines y Ddinas a rhoi bob o snoben i'r ddau arall ar eu corunau gan eu taro nes eu bod yn anymwybodol.

Eisteddai Gloria yng nghar yr heddlu, ychydig yn ddiweddarach, fel yr eisteddasai yn gynharach yn y tacsi, yn hel meddyliau, ond y tro hwn yn gwisgo dim ond hen gôt rhyw ddieithryn am ei hysgwyddau.
—Fydd neb yn anghofio Gloria eleni. Taswn i ond wedi gadael iddyn nhw fynd ymlaen drwy'r gystadleuaeth basai'r naill wedi lladd y llall beth bynnag —dim ond un oedd yn gallu ennill ar y tro, wedi'r cyfan. Ond wedyn faswn i ddim wedi cario'r dydd. Dwi'n siŵr o wneud ffrindiau newydd heno.

Cododd Gloria ei llaw ar bobl wrth i'r car du fynd drwy strydoedd y ddinas. Teimlai fel Gloria Swanson ar ddiwedd *Sunset Boulevard*, teimlai fel Brenhines go-iawn.